Spielen mit den Allerkleinsten

Sylvia Horak

Spielen mit den Allerkleinsten

Vom Baby- bis zum Kindergartenalter

FALKEN

INHALT

ICH RÄUME EIN UND WIEDER AUS

ICH MACH DAS GANZ ALLEIN

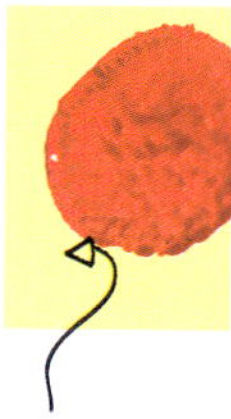

KOMM, SPIEL MIT MIR

Grundsätzliches über Kindsein und Spielen

Wie alles begann

Jeder von uns hat schon einmal die verschiedensten Spielebezeichnungen gehört: Anhänge-, Finger-, Kreisspiele, Wett- und Brettspiele und viele mehr. **Kindsein** und **Spielen** sind zwei Begriffe, die mittlerweile untrennbar zusammengehören. In unserem Kulturkreis bestreitet heute wohl niemand mehr die außerordentliche Bedeutung des Spielens für die emotionale, motorische, geistige und soziale Entwicklung der Kinder. Dies war aber nicht zu allen Zeiten so.

Wie wir aus vielen Quellen wissen, war das Spielendürfen nicht immer selbstverständlich, und je weiter wir in die Geschichte zurückblicken, desto unzureichender wird die Pflege der Kinder und die Fürsorge um sie. Arme Eltern empfanden das Spiel ihrer Kinder als Zeitverschwendung – bedeutete doch jeder „unnütze Esser" in der Familie für sie eine beträchtliche Mehrbelastung – und hielten den Nachwuchs so bald wie möglich zur Mitarbeit in Haus und Hof an. Man gewöhnte die Kleinen früh an körperliche Arbeit und übertrug ihnen die Verantwortung für das Kleinvieh und für jüngere Geschwister. Die Reichen hingegen gönnten ihren Kindern zwar das Spiel, sahen es aber im Grunde als „kindisch und unwürdig" an und begannen so rasch wie möglich, ihnen „nützlichere" Tätigkeiten wie Lesen und Schreiben, Mathematik und Latein beizubringen.

Als mit der **Renaissance** (Epochenbegriff für die Neuzeit, Beginn im 15. Jahrhundert) eine neue, positive Einstellung zu den Dingen des Lebens Fuß faßte, da nahm man – wie auf **Pieter Breughels** (* um 1525, †1569) Bildern so wunderbar dargestellt – zum ersten Mal auch die Fülle und den Reichtum der Kinderspiele wahr und begann diese als Bestandteil der frühen Jugend zu akzeptieren. Immer wieder jedoch gab es in der Folge Rückschläge, etwa als **Johannes Calvin** (*1509, †1564) die Ammenmärchen, die alten Lieder, die Kinderreime und -spiele als Reste heidnischen Aberglaubens verdammte und diese „Tändeleien" bei seinen Anhängern untersagte.

Im **Humanismus** (Bewegung des 14. bis 16. Jahrhunderts) aber, der parallel zur kirchlichen Reformation verlief, forderte man vehement mehr Freiheit und Bewegungsraum für die Kinder und entwickelte erstmals Konzepte zur bewußten Erziehung der bis zu Sechsjährigen. Damit provozierte man in ganz Europa einen heftigen Streit für und wider die Kinderspiele. Etwa seit dem Beginn der **Industriellen Revolution** (um 1760) wurden Kinder – von wenigen Ausnahmen abgesehen – erst mit ihrer Integration ins Arbeitsleben oder mit ihrem Eintritt in die Schule oder in die Fabrik wahrgenommen, also erst, nachdem sie sozusagen „öffentlich" wurden. Nur Säuglinge und Kleinstkinder, die für die Gesellschaft ja noch nicht nützlich waren, mit denen man noch nichts Sinnvolles anfangen konnte und die daher als „uninteressant" galten, durften ungestraft spielen. Spätestens aber mit drei Jahren war diese unbeschwerte Zeit endgültig vorbei. Allerdings begann nun parallel zu der tristen Situation der Kinder der Arbeiterschicht eine langsame Aufwertung des Spiels. Und gegen Ende des 18. Jahrhunderts, das man auch das **Jahrhundert der Erziehung** nennt, lagen zum ersten Mal detaillierte Kenntnisse und Beobachtungen über die kindliche Entwicklung in den ersten Lebensjahren vor. Man erkannte, daß Kinder keine kleinen Erwachsenen sind, sondern eine eigene Entwicklung brauchen, und betonte die grundsätzliche Bedeutung, die der Erziehung und dem Spiel in diesem Lebensabschnitt zukommt.

Staat und Kirche, pädagogische Schriftsteller, Adelige und aufgeklärte Eltern beschäftigten sich nun zunehmend mit den neuen Erkenntnissen. Für die Mehrheit der Bevölkerung jedoch stand weiterhin der tägliche Existenzkampf im Vordergrund. Ihr war es daher – auch bei vorhandenen gutem Willen – unmöglich, auf das Spielbedürfnis ihrer Kinder große Rücksicht zu nehmen.

Dennoch entstanden bald in ganz Europa zahlreiche Sammlungen alter Kinderlieder, -reime und

-spiele mit dem Ziel, diesen Zweig der Volkspoesie den Nachkommen zu erhalten.
Im 19. Jahrhundert setzte sich der bedeutende Erzieher **Friedrich Fröbel** (*1782, †1852) für die Verbreitung der neuen pädagogischen Erkenntnisse ein. Da er die Bedeutung des Spiels als Bildungsmittel erkannt hatte, entwickelte er sogar spezielle „Spielgaben": Ganz gezielt gab er den Kindern Bälle, Kugeln, Würfel, Walzen und flache Bauklötzchen, Tafeln zum Zeichnen und buntes Papier zum Ausschneiden, Falten und Flechten, um ihre geistige und körperliche Entwicklung durch selbständiges Entdecken und Experimentieren zu fördern und ihrem Betätigungsdrang gerecht zu werden.
Gegen Ende des 19. Jahrhunderts beobachtete die italienische Ärztin **Maria Montessori** (*1870, †1952), daß Kinder Ordnung und Wiederholung lieben. Aufbauend auf dieser Erkenntnis entwikkelte sie dann spezielles Beschäftigungsmaterial.
Das Besondere daran war, daß es jedem Kind das selbständige Üben ermöglichte, zum Beispiel das Unterscheiden von Größen, Farben, Formen, Gewichten und von verschiedenen Oberflächen. Immer wieder konnte das Kind dabei selbst kontrollieren (ohne Hilfe von Erwachsenen!), ob es die Aufgabe richtig gelöst hatte. Außerdem erlaubte dieses neue Beschäftigungsmaterial auch ein beliebig häufiges Wiederholen, und damit ließ sich das gerade Erlernte gut einprägen.
Vieles von Fröbels und Montessoris Ideen – seine Spielgaben, ihr Beschäftigungsmaterial – ist bis heute erhalten, wenn auch mitunter in abgewandelter Form oder aus neuartigem Material. Die Erkenntnis der beiden ist unumstritten: Jede Form des Spiels soll bewußt gefördert werden, weil das Kind „spielend" lernt und sich dabei positiv weiterentwickelt.

Ein Ei ist doch wie das andere – oder doch nicht?

Jedes Neugeborene kommt mit einer Menge verschiedener Anlagen zur Welt, die es von Vater und Mutter geerbt hat. Manche dieser angeborenen Anlagen werden im Laufe seines Lebens verkümmern, andere wiederum werden sich besonders gut entwickeln. Ob sich die im Neugeborenen schlummernden Möglichkeiten entfalten werden oder nicht, hängt davon ab, wie es umsorgt, erzogen und gefördert wird.

Schon vor der Geburt ihres Kindes suchen werdende Eltern in Zeitschriften und Fachbüchern Rat, und dort erfahren sie: „Mit vier Monaten kann das Kind einen Gegenstand mit beiden Händen greifen, im Alter von acht Monaten setzt es sich selbst auf, mit zehn Monaten kann es stehen, mit …“ Und Frau Huber erzählt: „Also *mein* Jürgen hat schon eine Woche nach der Geburt die ganze Nacht durchgeschlafen“, und die werdende Oma kramt in ihren Erinnerungen: „*Du* warst ja ein besonders gescheites Kind, du hast ja schon mit einem Jahr ganze Sätze gesprochen!“

Endlich ist das heißersehnte Baby da, die jungen Eltern fühlen sich gut vorbereitet und gerüstet, doch was passiert? *Ihr* Kind verhält sich nicht wie Hubers Jürgen, sondern verlangt auch noch nach acht Wochen dreimal pro Nacht sein Fläschchen. *Ihr* Einjähriger lallt Ma-ma und Pa-pa, sagt Hei-hei, wenn er schlafen geht, und brüllt aufgeregt Wa-wa, wenn er Nachbars Hund erblickt; da kann von „ganzen Sätzen“ keine Rede sein. *Ihr* Kind kann mit elf Monaten noch immer nicht ohne Hilfe laufen und „ist ein fauler Kerl, nicht so ein sportlicher Typ wie sein Vater“, wie Oma so schön sagt!

Die jungen Eltern merken also sehr bald, daß ihr Kind in vielen Dingen von den weitverbreiteten Richtlinien und von ihren eigenen Erwartungen abweicht.

- Sie entdecken, daß es sich nicht an vorgegebene Normen hält, sondern seinen eigenen „Entwicklungsfahrplan“ hat.
- Sie müssen erkennen, daß es nicht nur ein Produkt nach der Formel „Vater + Mutter = Kind“ ist und somit ein Spiegelbild ihrer selbst, sondern eine ganz eigenständige, kleine Persönlichkeit mit eigenen Bedürfnissen, mit einem individuellen Entwicklungstempo und mit ganz persönlichen Charaktereigenschaften (zum Beispiel ruhig oder lebhaft).
- Fest steht aber, daß auch das stärkste Persönchen zuerst sitzen können muß, bevor es laufen kann, und es wird nicht eher malen, bis es nicht einen Stift allein festhält.

Trotz der Charakterunterschiede und der persönlichen Entwicklungstempi, entwickeln sich *alle* Kinder nach derselben Grundregel: „Erst wenn das Kind nach vielem Üben eine Fähigkeit beherrscht, kann es eine darauf aufbauende Fertigkeit erwerben.

Sie können sich also sehr wohl an bestimmten Erfahrungswerten von Fachleuten, Großeltern, Freunden und Nachbarn orientieren, und es ist auch durchaus sinnvoll, Informationen aus Büchern und Zeitschriften zu sammeln. Sie dürfen dabei nur nie vergessen, daß jedes Kind einzigartig ist. Daher sind Abweichungen von der Entwicklungsnorm bis zu einem gewissen Grad üblich und sollten respektiert werden.

Babies

Spielen – wozu?

Jedem gesunden Kind ist die Bereitschaft zum Spielen angeboren (Spieltrieb!). Man spricht deshalb von einem elementaren Lebensbedürfnis, dem das Kind nicht widerstehen kann: Es spielt beim Waschen und beim Essen, auf dem Topf und im Krankenbett, allein und mit anderen. Es spielt auf der Straße und vergißt dabei, wie gefährlich das ist, und es spielt auch noch in der Schule, obwohl es doch eigentlich aufmerksam mitarbeiten soll. Es spielt von morgens bis abends und schläft darüber sogar ein.

Spielen bedeutet für ein Kind

- ein lustvolles Auf und Ab von Anspannung und Entspannung,
- das eigene *Ich* erleben: *Ich* forme einen Kuchen aus Sand; *ich* male ein Bild für Mama und Papa,
- sein Bedürfnis nach äußerer und innerer Ordnung zu befriedigen: Größen, Formen, Farben vergleichen, Paare zusammenstellen, Abstufungen (von … bis) finden,
- bemerken: *Gemeinsam* macht's mehr Spaß. *Wir* können einander helfen.

Durch Spielen lernt ein Kind

- Grundhaltungen wie Ordnung, Sorgfalt, Hingabe, Geduld,
- positives Sozialverhalten wie Rücksicht nehmen, teilen können, eigene Wünsche zurückstellen, zwischen mein und dein unterscheiden,
- Konzentration und Ausdauer,
- Gegensätze kennen: Schnee fühlt sich kalt an – die Sonne wärmt mich, meine Haut ist glatt und weich – Opas Bart ist rauh,
- Zusammenhänge erkennen: Wenn ich meinen Turm zu hoch baue, stürzt er ein. Wenn ich auf Zehenspitzen schleiche, hört mich keiner. Wenn ich an der Schnur ziehe, kann ich die Holzente heranholen. Wenn ich die Deckel aneinanderschlage, macht es Krach.

Für ein spielendes Kind ist wichtig, daß

- es Zeit hat zum Spielen, nicht gestört wird und nicht abrupt damit aufhören muß,
- es selbsttätig „arbeiten" darf, der Erwachsene nicht ständig korrigierend eingreift und es damit entmutigt,
- seine Spiele ernstgenommen und seine Werke beachtet werden,
- Erwachsene sich viel, viel Zeit nehmen, um mit ihm zu spielen,
- es eine Menge Spielanregungen und Phantasieimpulse erhält,
- jedes Ding seinen bestimmten Platz hat,
- es spürt, daß man es lieb hat, so wie es ist (geschickt – ungeschickt, begabt – unbegabt, hyperaktiv – verträumt…).

Eltern sollten daher

- eine angenehme, entspannte Spielatmosphäre schaffen, in der das Kind sich wohlfühlt und ungestört ist,
- das Ende des Spiels rechtzeitig ankündigen, damit das Kind sich darauf einstellen, sein begonnenes Spiel aber noch beenden kann,
- gelassen bleiben! Ständiges Belehren, Korrigieren und Eingreifen empfindet Ihr Kind als Leistungsdruck. Es fühlt sich überfordert und reagiert mit Tränen des Zorns, der Enttäuschung, der Mutlosigkeit oder mit Verweigerung.
Das bedeutet, daß Sie ganz geduldig auf den nächsten Entwicklungsschritt warten müssen, er kommt bestimmt!
- Schöpfungen des Kindes nicht belächeln, und sie nicht an den Maßstäben der Erwachsenen messen. Kinder sehen die Welt nämlich mit anderen Augen und finden ihre Werke schön, auch wenn diese den Perfektionsansprüchen der Erwachsenen nicht gerecht werden können!
- freudig Anteil nehmen am Spiel des Kindes, und es durch Lob ermuntern,
- ihm Mut zusprechen, wenn etwas mißlungen ist, und es nicht tadeln, wenn beim Spielen etwas zu Bruch gegangen ist,

- sich so oft wie möglich Zeit zum gemeinsamen Spielen nehmen. Aber Achtung: Kinder merken sofort, ob der Erwachsene ganz bei der Sache ist, unter Zeitdruck steht oder sich gar nur mit ihm beschäftigt, um sein Gewissen zu beruhigen (eigentlich müßte ich wieder einmal …),
- dem Kind viele Anregungen geben: Es ruhig auch mal mit Dingen experimentieren lassen, die kein eigentliches Spielzeug sind (Küche!). Mit ihm bewußt zuerst die nähere Umgebung (Wohnung, Haus, Garten), später die weitere (Natur, Bauernhof, Markt, Verkehr) erkunden,
- ihm nicht nur „fertiges" Spielzeug geben, sondern auch Material, das die Phantasie anregt und zum Experimentieren, Spielen und Werken ermuntert (zum Beispiel Holzabfälle, Stoffreste, Schnüre, Naturmaterial oder Papier …),
- verschiedenfarbige Schachteln, Körbchen und Kistchen zum übersichtlichen und ordentlichen Aufbewahren der Spielsachen bereitstellen,
- beim Spielzeugangebot das „Weniger-ist-mehr-Prinzip" beachten: Muß ein Kind nämlich jeden Tag aus unzählig vielen Spielsachen auswählen, ist es überfordert und reagiert unentschlossen, unkonzentriert und destruktiv,
- altersgemäße Anregungen geben: Spielideen, Spielzeug und Bücher, die dem tatsächlichen Entwicklungsstand des Kindes zu weit voraus sind, entmutigen es, anstatt es zu fördern,
- dem Kind auch Ruhe gönnen, Zeit zum Alleinsein, Trödeln und zum Träumen lassen. Einer tagtäglichen Flut von immer neuen Spiel- und Förderideen ist auch das intelligenteste Kind nicht gewachsen!

„Dicke Luft" im Kinderzimmer – was tun?

Alle Eltern bemerken eines Tages, daß ihre Kinder nicht nur „brav" und kreativ spielen, sondern zwischendurch auch immer wieder sehr aggressive Verhaltensweisen zeigen. Sie spielen:

- „Verkehrsunfall", indem sie ihre Spielzeugautos oder -züge zusammenkrachen lassen und dabei „Verletzte" oder „Tote" zurücklassen,
- „es brennt" und sind dabei zuerst die aufgeregten Brandopfer und im nächsten Augenblick die geschäftigen Feuerwehrmänner.
- „Erdbeben" und lassen dabei ihre Bausteintürme unter lautem Gejohle einstürzen,
- immer wieder – oft erschreckend realistisch und in vielfältigen Variationen – „kämpfen".

Den Erzieher machen sie mit diesen Aktionen oftmals rat- und hilflos, denn gegen diese Zerstörungs- und Kampfspiele scheint kein „erzieherisches Kraut" gewachsen zu sein. Alles Schimpfen und Bestrafen, alles Ermahnen und Gutzureden scheint an den Kindern abzuprallen und wirkt nur sehr kurz. Die Psychoanalytikerin **Anna Freud** (*1895, †1982) hat als eine der ersten herausgefunden, *warum* Kinder in ihren Spielen manchmal so bösartig und angriffslustig sind. Ihre „Psychoanalytische Spieltheorie" besagt, daß Kinder tagtäglich Situationen erleben, die ihnen Angst machen, die ihnen ihre Hilf- und Machtlosigkeit demonstrieren und ihnen ihr Klein- und Schwachsein vor Augen führen. Kinder wollen aber stark, unverletzlich und jeder Lage gewachsen sein, und deshalb macht die gegensätzliche Erfahrung sie unendlich zornig. Und eben diese Wut äußert sich dann in Machtwillen und Zerstörungslust.

Da ein Kind aber spürt, daß diese Gefühle „verbotene" Empfindungen sind, verdrängt es sie in den Bereich des Unbewußten, und sie kommen dann erst im Spiel wieder zutage. Hier kann das Kind dann all das tun, was ihm durch die Erziehung untersagt ist: Es kann sich „Luft machen" und Verbotenes sozusagen in erlaubter Form erleben. Spielen hilft also dem Kind bei der Verarbeitung seiner unbewußten, seelischen Konflikte, und es hat eine reinigende, befreiende und lösende Wirkung.

Deshalb sollten wir die Aggressionsspiele unserer Kinder in begrenztem Ausmaß akzeptieren und nicht jedesmal sofort eingreifen, wenn im Kinderzimmer wieder mal „die Fetzen fliegen"!

Spielen, lernen, spielend lernen

Der Großteil aller Eltern sorgt sich um seine Kinder, beobachtet ihre Entwicklung, macht sich Gedanken über richtige Erziehung und ist bestrebt, den Nachwuchs bestmöglich zu fördern.

Vom Fördern zum Fordern und zum Überfordern ist es aber jeweils nur ein kleiner Schritt!

Seien Sie daher sensibel, und beobachten Sie, welche Bedürfnisse Ihr Kind hat: Ob es gerade ausgelassen toben und laut sein möchte, oder vielleicht lieber schmusen und kuscheln will, ob es jetzt konzentrationsfähig ist oder sein Bewegungsdrang „mit ihm durchgeht", ob es mit Ihnen spielen oder lieber in Ruhe gelassen werden möchte.

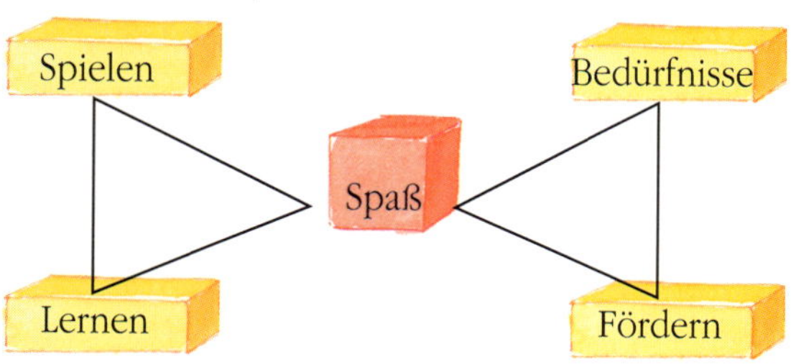

Spielen ist lustbetontes, freiwilliges und unermüdliches Lernen, also können Sie das Lernen Ihres Kindes am besten fördern, wenn Sie ihm eine ausreichende Menge Spiele und Ideen anbieten, die Spaß machen und den jeweiligen Bedürfnissen gerecht werden!

Geborgenheit

Bei all der Bedeutung, die die bereits erwähnten entwicklungspsychologischen Erkenntnisse für Sie als Eltern und Erzieher haben, sollten Sie aber niemals *das Wichtigste* vergessen:

Liebe – Geborgenheit – Zuneigung – Herzlichkeit – Wärme – Zärtlichkeit.

Das ist es, was Kinder am notwendigsten brauchen, um sich emotional, körperlich, geistig und sozial gesund zu entwickeln und um herzliche Menschen, zuverlässige Partner und wertvolle Mitglieder der Gesellschaft zu werden.
Nehmen Sie Ihr Kind immer und immer wieder zum Kuscheln in den Arm, trösten Sie es mit lieben Worten, wenn mal etwas schiefgegangen ist. Zeigen Sie ihm, daß Sie sich mit ihm freuen, aber auch mit ihm traurig sein können, und geben Sie ihm unermüdlich mit Blicken und mit Gesten zu verstehen, daß Sie seine Spielfreude teilen, denn:

Geborgenheit gibt Sicherheit, und Sicherheit ermutigt weiterzumachen!

HALLO, DA BIN ICH

Das erste halbe Lebensjahr

Die ersten Wochen

In den ersten Wochen nach der Geburt schläft Ihr Baby noch durchschnittlich 16 Stunden pro Tag. Es wird zwischendurch nur alle drei bis vier Stunden munter, weil es hungrig ist oder die volle Windel als unangenehm empfindet. Einige Sinne, wie etwa das Sehen und das Hören, sind noch nicht voll funktionstüchtig, und eine „persönliche Ansprache" scheint auch noch nicht möglich, weil das Neugeborene noch nicht so offensichtlich auf sein menschliches Gegenüber reagiert, wie es ein etwas älteres Baby bereits tut. Sie als Eltern könnten also durchaus meinen, diese „langweilige" Periode sei eigentlich unbedeutend, und von einem Spielen mit dem Kind könne in diesem Alter überhaupt keine Rede sein, doch das stimmt nicht! Ein Neugeborenes ist gegen Umwelteinflüsse noch weitgehend abgeschirmt. Seine Verhaltensweisen beschränken sich auf langes Schlafen, auf Schreien als negative Reaktion, auf Trinken und auf unkoordinierte Zappelbewegungen.
Dennoch macht Ihr Kind mit Hilfe seiner Sinne jetzt schon erste Erfahrungen mit seiner Umwelt: Es fühlt die Wärme und Weichheit Ihres Körpers, wenn Sie es hochheben, tragen und im Arm wiegen, oder wenn Sie mit ihm schmusen. Und es hört Geräusche, Töne, Stimmen und Klänge und sieht Farben und Bewegungen.
Schon zwei Wochen nach der Geburt kann Ihr Baby einen Gegenstand, der sich vor seinem Gesicht befindet, mit beiden Augen fixieren, allerdings ist die Sehweite noch auf etwa 25 cm begrenzt, und nur innerhalb dieser Entfernung kann das Baby Dinge klar erkennen. Alles, was näher oder weiter weg ist, nimmt es nur verschwommen wahr. Halten Sie deshalb das, was Sie Ihrem Kind nun zeigen (und das sollte viel Verschiedenes und immer wieder Neues sein) etwa im Abstand von 25 cm vor sein Gesicht, und lassen Sie ihm auch genügend Zeit, jeden dieser Gegenstände wirklich lang zu betrachten.
In Experimenten hat man auch festgestellt, daß Neugeborene Buntgemustertes Einfarbigem vorziehen, und diese Erkenntnis können Sie sich zunutze machen.

Das bunte Bett

Kleiden Sie das Gitterbett, den Stubenwagen oder das Körbchen Ihres Babys mit buntbedrucktem Stoff aus, oder nähen Sie auf eine einfarbig weiße Verkleidung bunte Bilder auf (einfache Motive pausen Sie aus Bilderbüchern für die Allerkleinsten ab, etwa von Dick Bruna). Diese „bunte Umgebung" regt Ihr Kind zum Schauen an und schützt es zugleich vor Zugluft.
Das wichtigste Beobachtungsobjekt Ihres Neugeborenen sind aber eindeutig Sie selbst, wenn Sie beim Füttern und Wickeln, beim Im-Arm-Halten und Streicheln, beim Mit-ihm-Sprechen oder beim Vorsingen ganz automatisch den richtigen Abstand einhalten und dem Baby so Gelegenheit geben, Ihr Gesicht und Ihre Mimik deutlich wahrzunehmen und genau zu beobachten.

Erste Beobachtungsspiele

- Halten Sie Ihrem Kind eine knallrote Wollsträhne, ein weiß-rot kariertes Tischtuch oder einen geometrisch gemusterten Bettbezug in etwa 25 cm Entfernung vor die Augen. Förmlich „atemlos" vor Freude wird Ihr Kind in seinen Zappelbewegungen innehalten und konzentriert versuchen, den interessanten Farbklecks zu fixieren. Da auch das Koordinieren beider Augen geübt sein will, wird das Baby dabei anfangs etwas schielen.

- Rot ist die erste Lieblingsfarbe Ihres Babys, weil es sie am besten erkennen kann. Machen Sie ihm deshalb die Freude, und bieten Sie ihm gerade in seinen ersten Lebensmonaten vor allem rotes Spielzeug an.
- Schauen Sie gemeinsam ins Kerzenlicht, oder betrachten Sie vom Fenster aus Mond und Sterne, die Lichter der Häuser und der Fahrzeuge, singen oder summen Sie leise dazu, und genießen Sie mit Ihrem Kind diese gemütliche Stimmung.
- An einem sonnigen Tag setzen Sie Ihr Kind auf Ihren Schoß und machen Spiegelspiele. Dazu reflektieren Sie das einfallende Sonnenlicht mit einem Taschenspiegel und lassen es im Raum herumwandern!
- Halten Sie beim Spaziergang im Sonnenschein öfter bewußt unter großen, alten Laubbäumen an, damit Ihr Kind von unten hinauf in die Krone blicken kann. Das Spiel von Sonnenlicht und bewegten Blättern ist faszinierend für Ihr Baby!
- Drehen Sie vor den Augen Ihres Kindes einen Gegenstand oft hin und her, und lassen Sie ihm viel Zeit, diesen genau zu beobachten. Ein Säugling reagiert nämlich langsam auf visuelle Reize.
- Ihr Baby sollte am gesamten Tagesablauf der Familie als Zuschauer teilnehmen: Rollen Sie sein Bettchen daher immer in den Raum, in dem sich gerade alle aufhalten. Oder setzen Sie Ihr Kind in einen Babyliegestuhl, damit es Sie bei Ihren Tätigkeiten sehen und beobachten kann!
- Geben Sie einen Ball langsam immer von einer Hand in die andere, und sprechen Sie dazu rhythmisch dieses Gedicht:

Seht nur, was mein bunter Ball heute
alles machen kann!
Einmal ist er hier, mal dort,
und plötzlich ist er – fort!

Mit etwa acht Wochen kann Ihr Kind auch Gegenstände, die sich in einiger Entfernung langsam bewegen, mit den Augen verfolgen. Und schon bald darauf dreht es auch den Kopf, um diese bunten, bewegten Dinge aufmerksam weiterbeobachten zu können.

Die Schau-hin-Kette

Stechen Sie jeweils ein Loch in einige Wäscheklammern aus Holz, und fädeln Sie sie auf. Oder knoten Sie im Abstand von etwa 10 cm farbige Bänder an die Schnur. Spannen Sie sie nun in Kopfhöhe Ihres Kindes über das Bett. Mit Hilfe der Klammern oder Bänder können Sie jetzt immer wieder andere bunte Gegenstände zum Beobachten befestigen und sie nach einiger Zeit durch neue ersetzen. Solches Beobachtungsspielzeug könnte zum Beispiel sein:

- einfarbige Plastikgegenstände, wie etwa eine Tasse vom Campinggeschirr,
- bunte Papierbälle an Schnüren (vom Jahrmarkt),
- Kugeln, Zapfen und Ringe aus Aluminiumfolie gestaltet,
- bemalte Joghurtbecher mit aufgeklebten Fransenborten,
- Garn- oder Wollknäuel in einer Grundfarbe,
- buntes Plastikbesteck,
- eine große einfarbige Stoffblume,
- ein zartes Stofftaschentuch,
- ein kleiner Spiegel mit Öse,
- ein gelb-grüner Küchenschwamm,
- verschiedenfarbige Waschlappen.

Zur Abwechslung klammern Sie dann auch einmal ausschließlich bunte breite Krepp- oder Seidenbänder an, die vom Luftzug ganz leicht bewegt werden. Oder zupfen Sie selbst manchmal an den Bändern, damit sie auf und ab hüpfen!

Babys mögen Gesichter

Schon mit sechs Wochen lächeln Babys erfreut, sobald sie ein Gesicht sehen, genauer gesagt, dessen Augenpartie. Der Schlüsselreiz, auf den sie instinktiv reagieren, muß aber gar nicht der wirkliche, lebendige Blick sein. Sie freuen sich schon und lächeln, auch wenn sie nur eine freundliche Maske erblicken! Wenn Ihr Kind etwas älter ist, werden Sie feststellen, daß es den jeweiligen Gesichtsausdruck seines Gegenübers imitiert.

Hängen Sie deshalb (für die Zeit, in der sich Ihr Kind allein beschäftigt) über dem Bettchen entweder eine lustige Maske auf, verziert mit Woll- oder Krepphaaren, oder einen als Gesicht bemalten Luftballon. Das macht Ihrem Kind Spaß und fordert es zum Schauen heraus!

Da bin ich wieder

Verstecken spielen ist etwas äußerst Reizvolles, auch schon für Ihr zwei Monate altes Kind! Genießt es dabei doch den ständigen, lustbetonten Wechsel zwischen Anspannung und Entspannung, zwischen konzentriertem Beobachten und Warten und erlösendem „Da-bin-ich-wieder“.

- Setzen Sie sich zu Ihrem Baby, und bedecken Sie Ihr Gesicht mit beiden Händen – Ihr Kind wird verstummen. Beim Wegnehmen der Hände rufen Sie „Hallo“ oder „Kuckuck“, und voller Entzücken wird Sie Ihr Baby anstrahlen,
- blinzeln Sie durch die Finger oder seitlich daran vorbei,
- halten Sie sich eine Windel, ein Tuch oder ein Kissen vors Gesicht, und ziehen Sie es mit „Hallo“ wieder weg.
- Verstecken Sie sich hinter einem Vorhang, einer Tür oder unter einem Möbelstück.
- Nehmen Sie einen Teddy, und verstecken Sie ihn vor den Augen des Kindes. Dann holen Sie ihn mit lautem „Hallo“ wieder hervor.

Mobiles

Zum Spielen braucht man „ein Gegenüber“ – entweder einen Spielgefährten oder ein Spielzeug, aber manchmal hat Ihr Kind weder das eine noch das andere. In solchen Situationen nimmt es seine Finger oder seine Füße zum Spielen und oft genügt ihm sogar, wenn es einen – vom Luftzug sanft bewegten – Gegenstand betrachten kann – ein Mobile! Suchen Sie dafür einen geeigneten Platz, den Ihr Kind von seinem Bettchen aus gut sehen kann, und befestigen Sie die sich ständig bewegenden Gebilde an der Zimmerdecke.

Mobiles müssen nicht unbedingt etwas Konkretes darstellen. Sie können durchaus auch abstrakte oder ungewöhnliche Objekte sein, wie zum Beispiel Vatis bunte Sportsocken! Beachten Sie bei Ihrer Auswahl bitte nur, daß die Gegenstände nicht zu klein sind, klare Grundfarben und Formen haben.

Als erste Mobileobjekte zum Beobachten von Farben, Formen und Bewegung eignen sich all die relativ leichten Gegenstände, die schon bei der „Schau-hin-Kette“ genannt sind. In jedem Haushalt finden sich sicherlich noch -zig andere Gegenstände, die Ihr Kind begeistert betrachten wird! Wechseln Sie auch diese Dinge öfter einmal aus, damit Ihr Baby immer wieder Abwechslung hat.

Stabile Aufhängung für Mobiles

Da Ihr Kind Mobiles bis zum Schulalter liebt, lohnt eine haltbare Aufhängevorrichtung, zum Beispiel

- **Kleiderbügel**

Knoten Sie verschieden lange Bänder an. Hängen Sie einen einzelnen oder mehrere, ineinandergehakte Bügel auf.

- **Ast**

Verwenden Sie einen stark verzweigten Ast. Sehr hübsch sieht Korkenzieherhasel aus.

- **Drahtspirale**

Kaufen Sie im Fachhandel eine Rolle Blumendraht, etwa 15 mm stark. Zwicken Sie davon einige Rundungen ab und ziehen Sie diese spiralförmig auseinander. Dieses Mobilegestell eignet sich besonders für viele gleichartige Objekte, wie zum Beispiel: eine Menge Herbstblätter, einzeln mit Zwirn aufgehängt oder für Püppchen aus Ton- oder Seidenpapier im Reihenfaltschnitt hergestellt und als „tanzende Kinder" entlang der Drahtspirale befestigt.

- **Karusselldach aus Karton**

Dazu schneiden Sie eine weiße Kartonscheibe (etwa 60 cm Durchmesser) mit einem geschwungenen Rand (siehe Abbildung) aus, und dann bis zur Mitte ein. Heften Sie sie wie einen „Chinesenhut" zusammen. Rotes, keilförmig aufgeklebtes Buntpapier läßt ein Karusselldach entstehen, an das Sie nun beliebige Mobileobjekte hängen können, die sich langsam im Kreis drehen.

- **Astreifen**

Zwicken Sie mit der Gartenschere dünne, lange Baum- oder Buschzweige ab (befreien Sie sie von allen Seitentrieben), und weichen Sie sie dann in warmem Wasser ein. Nun lassen sie sich leicht zu einem Ring biegen und mit braunem Garn zusammenbinden. Hängen Sie den Reifen nun horizontal oder vertikal auf, und befestigen Sie daran Objekte.

- **Draht oder Bambus**

Hängen Sie dicken Draht oder zurechtgesägte Bambusstäbe in der typischen Mobileanordnung auf, wie es die Zeichnung zeigt.

Was hör' ich da?

Die Gehörgänge des Neugeborenen sind noch mit Fruchtwasser verklebt, und deshalb reagiert das Baby in der allerersten Zeit nur auf sehr starke akustische Reize. Das Zuschlagen einer Tür, das Klirren von zerbrechendem Geschirr oder das Klingeln eines Weckers erschrecken es, es fängt zu schreien und zu zappeln an.

Schon nach sechs bis acht Wochen aber beginnt Ihr Baby, einem Geräusch mit dem Kopf zu folgen. Es dreht ihn in die Richtung, aus der es zum Beispiel den Klang einer Rassel oder eines Glöckchens hört.

Eines Tages wird Ihr Kind beim Strampeln mit seinen Füßen ganz zufällig gegen die am Gummiband hängenden Gegenstände treten und bemerken, daß sie sich dadurch bewegen. Geben diese Dinge dabei auch noch ein Geräusch von sich, so wird Ihr Baby von dieser Entdeckung so fasziniert sein, daß es nun immer wieder versucht, die Gegenstände mit seinen Händen oder seinen Füßen zu erreichen, um sie erneut in Bewegung zu versetzen oder zum Klingen zu bringen. Es beginnt also zu verstehen, daß etwas geschieht, wenn es selbst etwas tut! Solches Geräuschspielzeug fürs Gitterbett könnte sein:

- Kunststofffläschen, gefüllt mit Bohnen, Linsen, Knöpfen, Steinchen,
- Ketten aus Knöpfen oder aus Aluminiumfolienkugeln, die nebeneinanderhängen und dann durch Berührung aneinanderstoßen,
- eine Metalldosenglocke, deren Klöppel ein Teelöffel oder eine alte Modeschmuckkette ist,
- ein Leinensäckchen, zum Beispiel mit Nußschalen, Kieselsteinchen, Knöpfen oder Kirschkernen gefüllt.

Erste Hörspiele

- Für ein Glöckchenband nähen Sie einige Schellen auf ein Stück Band und befestigen es am Handgelenk Ihres Kindes. Neugierig wird dieses seinen Kopf drehen, um zu schauen, woher das Geräusch kommt. Und bald wird es verstehen, daß es selbst – durch seine Handbewegung – die Ursache des Klanges ist. Befestigen Sie das Glöckchenband einmal an einem, dann am anderen Handgelenk, damit Ihr Baby ermuntert wird, seinen Kopf einmal nach rechts und einmal nach links zu wenden. – Und was geschieht, wenn Sie

an beiden Handgelenken je ein Glöckchenband befestigen oder eines an ein Fußgelenk binden?

- Hängen Sie ein Windspiel, Klangstäbe oder eine Türharfe (in Kunsthandwerk- oder Bauernmöbelgeschäften erhältlich) auf. Kommt jemand ins Zimmer, so werden diese Geräuschinstrumente sanft bewegt. Ihr Kind verbindet bald deren Klang mit „jemand besucht mich!" und wird freudig erregt zappeln, sobald es ihn hört. Hier zwei Beispiele für selbstgemachte Windspiele:
- Knetmasse (wie FIMO) sehr dünn auswalken, Kreise ausstechen und mit einem Brett bedeckt trocknen lassen. Danach mit Nylonfaden so aufhängen, daß sich die Plättchen beim Drehen zart berühren.
- Singen klingt anders als Sprechen! Geben Sie Ihrem Baby immer wieder Gelegenheit, diesen akustischen Unterschied wahrzunehmen.
- Wenn es ganz still im Zimmer ist, läuten Sie mit einer kleinen Glocke oder einer Triangel. Ist das Geräusch nicht so schrill, daß Ihr Baby erschrickt, wird es ganz aufmerksam lauschen.
- Machen Sie Ihrem Kind vor, was man mit seiner Stimme alles machen kann: Schnurren Sie wie eine Katze, oder knurren Sie wie ein Hund. Ein anderes Mal brummen Sie wie ein Automotor und legen dabei die Hände Ihres Babys an Ihre vibrierenden Lippen. Einmal schnarchen Sie wie Opa, und dann wieder summen Sie wie ein Bienchen, und so fort. Erschrickt Ihr Kind, so hören Sie natürlich sofort mit Ihren „Stimmübungen" auf. Bald aber wird es wissen, daß *Sie* diese Geräusche erzeugen und es wird das sehr lustig finden!
- Im Badezimmer: Hören Sie gemeinsam mit Ihrem Kind zu, wie es klingt, wenn zum Beispiel das Wasser in die leere Wanne fließt, wenn Sie mit der flachen Hand auf die Wasseroberfläche patschen, wenn Sie einen Schwamm ausdrücken, wenn Sie mit den Fingern im Wasser plantschen oder wenn Sie es aus einem Becher ins Badewasser plätschern lassen.
- Zeigen Sie Ihrem Kind eine Menge „Patschspiele", denn dabei lernt es, daß man auch mit den Händen ein Geräusch machen kann.
- Schnipsen Sie mit den Fingern, schnalzen Sie mit der Zunge, oder klopfen Sie auf harte Gegenstände: einmal vor dem Gesicht Ihres Kindes, dann links und rechts vor seinem Kopf und dahinter. Wendet es sich schon um, damit es sehen kann, woher das Geräusch kommt?
- Rollen Sie Holzkugeln oder Glasmurmeln über den Boden, oder lauschen Sie gemeinsam, welche Geräusche ein springender Ball macht.

So ein Krach!

Bewegen Sie vor den Augen Ihres Kindes Rasseln, Scheppern, Glocken, Würfel und Klappern oder einfach einen Schlüsselbund. Bald wird Ihr Baby wissen, daß *Sie* mit diesen Dingen diese herrlichen Geräusche hervorbringen, und schon wenig später wird es selbst danach greifen und damit lustvoll Krach machen!

Klappern und Rasseln selbstgemacht

- **Fläschchenrasseln**

Füllen Sie einige Kunststofffläschchen zum Beispiel mit Reis, Bohnen, Steinchen, Sand oder kleinen Nägeln, und verkleben Sie den Verschluß mit Sekundenklebstoff. Beim Schütteln erzeugt jedes Material ein anderes Geräusch. Diesen Unterschied bemerkt auch Ihr Kind und greift einmal nach der einen, dann nach der anderen Flaschenrassel.

- **Metallrasseln**

All die eben genannten Füllgegenstände klingen aber wieder ganz anders, wenn sie in einem Metallgefäß scheppern! Film- oder Zigarrenrollen aus Aluminium mit angeklebtem Schraubverschluß eignen sich ebenso zum Klang-erforschen wie Hustentee-, Pastillen- oder Teedosen, deren Deckel ebenfalls gut festgeklebt wurde.

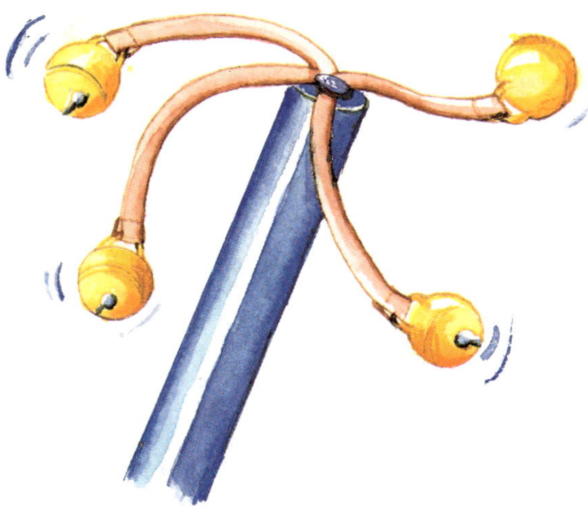

- **Klingende Becher**

Fädeln Sie abwechselnd Joghurtbecher und Holzperlen auf festes Gummiband, und verknoten Sie die Enden an zwei dicken Perlen.

- **Fliegenklatsche**

Schlagbewegungen beherrschen schon die Allerkleinsten: setzen Sie Ihr Kind abgestützt hin, und geben Sie ihm eine Klatsche in die Hand. Schon bald merkt es, daß es damit verschiedene Geräusche machen kann. Solche Klatschen lassen sich aus Leder oder Gummi herstellen.

- **Vorhangringklapper**

Fädeln Sie einige große, bunte Holzperlen auf eine feste Schnur oder auf eine verschließbare Schlüsselkette, und binden Sie sie an einem großen Vorhangring fest.

- **Glöckchenhandschuh**

Nähen Sie an einen Topfhandschuh einige Messingschellen und -glöckchen an.

- **Schellenstab**

Sie brauchen einige schmale Lederstreifen, an deren eine Enden Sie je eine Messingschelle festnähen. Dann legen Sie anderen Enden übereinander und nageln sie oben auf einem Rundholz fest.

- **Holzperlenstab**

Sie brauchen mehrere Schnüre (25 cm lang), auf die Sie bunte Holzperlen fädeln und diese im Abstand von je 5 cm verknoten. Knüpfen Sie danach alle Schnüre zusammen und schrauben Sie diesen dicken Knoten oben auf einem Rundstab fest.

Stimmen und Geräusche

- **Nußschepper**

Sie benötigen leere Walnußschalen, in die Sie jeweils ein Loch bohren. Dann fädeln Sie die Schalen auf festes Gummiband und verknoten die Enden an großen Holzperlen. Dehnt man das Band und läßt es sich dann wieder zusammenziehen, so klappert das Nußinstrument herrlich.

- **Kaffeelöffelklapper**

Durchbohren Sie zwei Kaffeelöffel aus Metall und verbinden Sie die beiden locker mit fester Schnur. Damit deren Enden nicht durch die Löcher rutschen können, verknoten Sie sie an bunten Holzperlen.

- **Kochlöffelklapper**

Sie benötigen drei Kochlöffel. Sägen Sie von zweien die Stiele ab. Nun bohren Sie unten in jeden Schöpfteil und in den des intakten Löffels jeweils zwei Löcher. Dann verbinden Sie die drei Teile mit fester Schnur (siehe Zeichnung).

Jede Art von Geräuschen weckt die Aufmerksamkeit Ihres Kindes, aber eindeutig am liebsten hört es Stimmen! Das können Sie ganz einfach selbst beobachten.

Stellen Sie einen Kassettenrecorder in die Nähe des Kinderbettchens, und spielen Sie Ihrem Kleinen zuerst ausschließlich Musik vor. Nun folgt eine Reihe von Geräuschen und Klängen, die Sie im Haushalt aufgenommen haben, zum Beispiel Geschirrklappern, Fenster öffnen und schließen, laufendes Wasser, Zeitungspapierrascheln, Telefonklingeln oder die Türglocke. Dann folgen Stimmen, und Ihr Gesang.

Beobachten Sie Ihr Baby – wie reagiert es auf all die angebotenen akustischen Reize? Sie können sehr deutlich feststellen, daß es Stimmen am interessantesten findet, und vor allem wenn es *Ihre* hört, strampelt es freudig erregt und wendet sich aufmerksam der Stimmenquelle zu. Was liegt also jetzt näher als die Erkenntnis, daß Ihr Kind besonders den Sprechkontakt zu *Ihnen* sucht und braucht? Reden Sie deshalb so oft wie möglich und in allen erdenklichen Situationen mit Ihrem Baby, auch wenn es den Sinn Ihrer Worte vorerst noch nicht versteht. Nutzen Sie seine Aufmerksamkeit, um es vertraut zu machen mit: dem Klang Ihrer Stimme, verschiedenen Lauten, dem Sprechrhythmus, der Melodie seiner Muttersprache.

Bald reagiert Ihr Kind auch schon auf die menschliche Stimme, indem es Laute und Lautketten bildet, gurrt, schnalzt und gurgelt.

Jetzt kommt es nicht so sehr darauf an, *was* Sie mit Ihrem Baby reden, sondern *daß* Sie es tun. Je mehr Sie mit ihm plaudern (auch wenn es Sie nicht versteht), um so mehr ermutigen Sie es, weiterzulallen und die Sprechmuskulatur zu trainieren!

Ja, und wenn dann schon manchmal aus Silbenketten das langersehnte „Mamamam-ma-ma“ oder Papapa-pa-pa“ herauszuhören ist, dann ist das doch ein toller Lohn für Ihr Bemühen, oder?!

Rhythmus – die große Faszination

Rhythmische Sprache sowie rhythmische Bewegungen üben eine große Faszination auf alle Babys aus. Sie genießen es offensichtlich, wenn Sie in den Armen oder in einer Wiege geschaukelt werden und dabei rhythmisch sanfte Wiegenlieder oder einfachen Singsang hören.

Auch Ihr Kind mag es ganz bestimmt, wenn Sie sich mit ihm auf dem Arm zu Musik bewegen oder ihm etwas vorsingen und es im Takt dabei hopsen lassen! Auch wenn Sie nicht gerade großes Talent zum Singen haben – für *Ihr Kind* haben *Sie* die schönste Stimme der Welt! Und wenn Ihr Singen auch noch mit Rhythmus und Bewegung verbunden ist, dann ist der Spaß am allergrößten! Sogar Säuglinge lieben rhythmische Kinderreime und Krabbelverse, Klatsch- und Kniereiterliedchen, obwohl sie selbst dabei noch nicht von sich aus spontan mitmachen können. Das geschieht erst gegen Ende des ersten Lebensjahres. Wie gut auch Ihrem Kind solche Spiele und Liedchen gefallen, läßt sich unschwer daran erkennen, daß es Sie dabei strahlend anlächelt und schon bald seinen Körper rhythmisch mitzubewegen versucht. Auch das „Hopsen und Fliegen" genießt es sichtlich, und schließlich brabbelt es mit und quietscht vor Vergnügen! Sie müssen Ihrem Baby aber nicht nur aussagekräftige Gedichte vortragen, denn zu Beginn genügt es ihm durchaus, wenn Sie seine Lallgebilde aufgreifen und sie im singenden Tonfall deutlich wiederholen.

Betrachten Sie dieses lustbetonte, „vorsprachliche" Miteinander als Mittel der Verständigung. Scheuen

Sie sich nicht, selbsterfundene oder „kindisch" scheinende Reimereien mit Spaß vorzutragen!

Schnick, schnack, schnurr,
ticke, tacke, turr,
ticke, tacke, ticke, tacke
knurr, murr, schnurr!

Bei diesen Plaudereien und Spielen sollte Ihr Kind Ihnen natürlich gegenüberliegen oder -sitzen. Denn nur so kann es Sie deutlich verstehen, Ihre Mimik und Ihre Gestik beobachten und Sie als *Spielpartner* erleben. Am besten setzen Sie sich dazu aufrecht (an eine Wand angelehnt) mit angewinkelten Beinen hin, um Ihr Kind in leichter Schräglage gut abzustützen.
Aber auch beim Wickeln können Sie Ihrem Baby viele Krabbelverse aufsagen und sich darüber freuen, wie Ihr Kind das Kitzeln und das Krabbeln über sein Gesicht und über sein nacktes Bäuchlein genießt, dabei herzlich lacht und jedesmal schon angespannt wartet, bis es wieder gekitzelt wird!
Die folgenden Beispielverse sollen Sie dazu anregen, sich auch eigene Reime auszudenken.

Tupf, tupf, tupf,
was ist denn das?
Tupf, tupf, tupf,
das macht ja Spaß!
Tupf, tupf, tupf,
es wird nicht bleiben,
Tupf, tupf, tupf,
ich werd's – verreiben!

Sylvia Horak

(Während des Sprechens den Babykörper mit Creme betupfen.)

Jetzt kommt mein Mäuschen und krabbelt:
Von hier nach da,
von da nach dort,
einmal im Kreis
und krabbelt fort!

Sylvia Horak

Rissel – Rassel – Rüssel

Gestalten Sie die Reime jetzt zunehmend sinnvoller, in dem Sie kleine Episoden aus dem Leben Ihres Kindes, wie zum Beispiel weinen, Nase putzen, naß werden oder Schuhe anziehen, einfließen lassen. So kommt zur Freude am Rhythmus nämlich noch etwas Wichtiges hinzu: Sie helfen Ihrem Kind, neue Wörter zu verstehen, und regen es damit an, diese aufzugreifen und sich zu eigen zu machen.
Der Zusammenhang zwischen Sprechen und Tun wird für Ihr Kind besonders deutlich, wenn Sie bei dieser Art der Zuwendung „zusätzliche Hilfsmittel" einsetzen zum Beispiel:

- einen tickenden Wecker, den Sie dem Baby ans Ohr halten, während Sie das Ticktack nachahmen,
- einen Schlüsselbund, mit dem Sie akzentuiert rasseln, während Sie das entsprechende Gedicht vortragen,
- ein Taschentuch bei Trostsprüchen.

Rissel, Rassel, Rüssel,
so klappern meine Schlüssel!
Die Mutti ruft schon: „Hilfe! Ach
wer macht denn da im Haus so'n Krach?"
Da rassle ich noch etwas mehr:
„Ich bin das, Mutti, schau doch her!"

Sylvia Horak

*

Uhren machen tick-tack, tick-tack,
Kasperl, der macht flick- flack, flick- flack,
Turmuhr, die macht bim-bam-bumm,
Kasperl dreht sich rundherum!

Sylvia Horak

*

Mein Kindchen weint, oh weh, oh weh!
Die Nase rinnt, ojemine!
Ich hol' mein Tüchlein schnell heraus,
putz' deine Nase – eins, zwei … aus!

Sylvia Horak

Vom Be-greifen zum Greifen

Etwa im fünften Lebensmonat fängt Ihr Baby an, seine Hände nach den Dingen auszustrecken, die Sie ihm hinhalten oder die es umgeben. Durch die Berührung bewegt es sie zunächst zufällig. Doch schon bald berührt es sie absichtlich, weil es begriffen hat, daß es selbst imstande ist, die Bewegung von Gegenständen auszulösen. Nun ist es nur mehr ein kleiner Schritt vom *Be-greifen dieser Zusammenhänge zum Greifen selbst.* Ihr Kind übt jetzt so lange unermüdlich, bis die Hände geschickt genug sind, Greifen – Loslassen – Wiederergreifen zu beherrschen. Alle Dinge, die es nun in die Hand bekommt, umklammert es und versucht, sie festzuhalten, sie genau zu betrachten, in den Mund zu stecken und durch Zappelbewegungen zum Klingen zu bringen. Beim Kennenlernen neuer Gegenstände benutzt Ihr Kind also immer alle seine Sinne, und durch Lutschen, Tasten, Greifen, Anschauen und Hinhören kann es Eigenschaften wie Farben, Formen, Größen, Gewichte und Klänge erfahren.

Kennenlernspielzeug

Sämtliches im Handel erhältliche Babyspielzeug eignet sich zum Kennenlernen unterschiedlicher Materialien. Dem gleichen Zweck dienen aber auch Haushalts- und Alltagsgegenstände wie etwa ein Taschentuch, ein Holzkochlöffel oder Kunststoffgeschirr. Man muß also keineswegs immer neues Spielzeug kaufen! Da Ihr Baby aber alles in den Mund steckt, damit um sich schlägt und es aus seinem Bettchen wirft, sollten Sie einige wichtige Sicherheitsaspekte beachten. Das Spielzeug sollte sein: farbecht, fest zusammengefügt, damit keine Teile herausbrechen oder verschluckt werden können, leicht und handlich, nicht spitz und kantig, mit möglichst glatter Oberfläche (Reinigung), aus Frottee, aus Holz und auch aus Kunststoff (dieser kann zwar leichter abgewaschen werden, ist aber glatt und kalt; Holz dagegen fühlt

sich warm und griffig an, besonders, wenn es unlackiert ist, läßt sich aber schlechter säubern).
Je mehr Sie nun mit Ihrem Baby sprechen, singen und spielen, je mehr es zum Schauen und Verfolgen von Bewegungen und zum Hören angeregt wird, je mehr Gegenstände es berühren und kennenlernen kann, um so mehr neue Erfahrungen macht es, die für seinen jeweils nächsten Entwicklungsschritt wichtig sind.

Spiele mit verschiedenen Materialien

- Legen Sie Ihr Kind (möglichst unbekleidet) auf verschiedene Unterlagen, damit es die unterschiedliche Materialbeschaffenheit mit seinem ganzen Körper fühlen kann. Zum Beispiel auf kühles Leinen, auf eine kuschelige Wolldecke, auf den glatten Holzfußboden, auf ein rauhes, altes Handtuch, auf weiches Fell oder in die duftende Blumenwiese (Vorsicht Bienen!).
- Lassen Sie Ihr Kind die verschiedensten Materialien befühlen, daran riechen und damit hantieren, so lernt es bald, sie zu unterscheiden.
- Geben Sie Ihrem Kind auch die Möglichkeit, zwischen naß und trocken zu unterscheiden. Dazu berührt ein Fuß eine trockene Oberfläche (Boden, Handtuch), und gleichzeitig taucht der zweite in Wasser ein. Dann das gleiche mit den Händen versuchen und einige Male abwechselnd wiederholen. – Und wie fühlt sich „Matsch" verschiedener Qualität (Mehlbrei, feuchter Sand, weicher Gips, nasse Blumenerde, Tapetenkleister) an?
- Lassen Sie Ihr Baby greifen, fühlen und wühlen in Gefäßen oder Säckchen, die mit Reis, Bohnen, Linsen, Knöpfen, Glasmurmeln, Teigwaren, aber auch in Kristallzucker, Mehl, Sand, Puder, Watte gefüllt sind.
- Geben Sie Ihrem Baby das Ende eines Klopapierstreifens in die Hand. Wenn Sie ein wenig zurückgehen, spult sich die Rolle ab, und Ihr Kind schaut fasziniert zu! Überlassen Sie ihm dann das Papier getrost zum Reißen, Knüllen, Werfen und zum Kauen.
- So wie ein Baby Gegenstände erst durch Begreifen kennenlernt, so muß es sich auch das Aussehen seiner Eltern erst einprägen. Halten Sie Ihr Kind deshalb öfter einmal ganz dicht an Ihr Gesicht, und lassen Sie es in Ruhe Ihre Haut und Ihre Haare befühlen und Nase, Mund, Augen, Brauen und Ohren abtasten!

Bewegung – ein Kennzeichen alles Lebendigen

Vom ersten Moment seines Lebens ist Ihr Kind in Bewegung, denn sie ist ein Grundbedürfnis des Menschen. Sie fördert die Entwicklung Ihres Babys zur Selbständigkeit, ermöglicht ihm Erfolgserlebnisse, steigert seine Lebensfreude und sein körperliches Wohlbefinden und somit auch seine geistige Beweglichkeit. Durch körperliche Anstrengung – das kennen wir ja von uns selbst – können innere Spannungen abgebaut werden. Und wer unter Bewegungsmangel leidet, ist häufig unruhig, zappelig, reizbar und aggressiv, kann sich schlecht konzentrieren und hat keine Ausdauer. Bewegung erleichtert aber auch die Kontaktaufnahme mit anderen, und sie ermöglicht Ihrem Kind, seine Umwelt zu erkunden und Erfahrungen zu sammeln. So lernt es zum Beispiel durch das Drehen von Gegenständen und durch das Betrachten von allen Seiten die Dreidimensionalität kennen. Und später – wenn es beginnt, zu krabbeln oder zu laufen – lernt es, Entfernungen richtig einzuschätzen. Sich richtig zu bewegen, also den Körper im Gleichgewicht zu halten und Beine, Arme und Hände sicher zu gebrauchen, will aber gelernt sein! Mit den folgenden Spielen können Sie Ihrem Baby helfen, die Muskeln zu stärken, die es für die Beherrschung seiner Grob- und Feinmotorik braucht. Außerdem liebt es diese Art von Spielen ungemein, weil es Ihnen dabei sehr nahe ist, Ihre Körperwärme spürt und Ihre sprachliche Zuwendung genießt!

Erste Bewegungsspiele

- Legen Sie Ihr Baby schon in den ersten Lebenswochen auch öfter einmal auf den Bauch! In dieser Lage wird es immer wieder versuchen, seinen Kopf zu heben, und das stärkt seine Nacken- und Rückenmuskulatur.
- Ihr Kind liegt auf dem Rücken. Schieben Sie eine Hand darunter, und beobachten Sie, wie es versucht, Kopf und Schultern zu heben!
- Nutzen Sie den angeborenen Klammerreflex aus. Reichen Sie Ihrem Baby beide Zeigefinger (es wird Sie sofort fest umklammern) und ziehen Sie seinen Oberkörper langsam hoch. Dann lassen Sie ihn wieder zurücksinken. Wiederholen Sie die Übung einige Male. Wie oft? – Ihr Kind signalisiert Ihnen schon, wann es nicht länger mag. Beobachten Sie Ihr Kind. Von Tag zu Tag bekommt es mehr Kraft im Nacken, und bald kann es sein Köpfchen beim Hochziehen „mitnehmen“.
- Wenn Ihr Kind auf dem Bauch liegt, stützen Sie es auf seine Hände. Ihr Kind lernt, den Kopf hochzuhalten. Mit etwa drei Monaten kann es sich schon von allein in diese Sphinxstellung hochstemmen!
- Ihr Kind liegt auf dem Rücken und hält die Beinchen in die Luft gestreckt. Legen Sie nun einen großen, leichten Ball (aufgeblasenen Wasserball) auf seine Fußsohlen, und drücken Sie ihn mit leichten Rollbewegungen gegen den Widerstand der Beine. Ihr Kind versucht den Ball mit den Zehen zu greifen und empfindet das leichte Rollen auf den Fußsohlen als angenehmen Reiz.
- Kitzeln Sie Ihr Baby öfter einmal mit einem Wattestäbchen, einer Feder, einem Windelzipfel

oder mit irgendeinem anderen geeigneten Gegenstand, und lassen Sie es mit den Zehen danach greifen.

- Legen Sie Ihr Kind in der „Sphinxstellung" auf den Bauch. Rollen Sie ihm einen Ball zu – es wird versuchen, danach zu greifen. Weil es dabei einen Arm hochhebt, muß es sein Gleichgewicht nur auf den anderen Arm gestützt halten!
- Ihr Kind nimmt wieder die „Sphinxstellung" ein. Rollen Sie den Ball langsam einmal von rechts hinten, dann von links hinten, nach vorn zu seinem Kopf. – Neugierig wird es sein Köpfchen soweit wie möglich in die jeweilige Richtung drehen. Und das ist anfangs gar nicht leicht!
- Blasen Sie einen großen Wasserball auf. Legen Sie Ihr Baby darauf, halten Sie es am Po oder an den Seiten fest, und lassen Sie es „schwimmen". Rollen Sie es nun auf dem Ball sanft hin und her.
- Halten Sie es mit einer Hand auf dem Ball fest, und reichen Sie ihm mit der anderen ein buntes Spielzeug gerade so weit hin, daß es sich danach streckt.
- Legen Sie Ihr Kind auf den Rücken, und lassen Sie es den Wasserball mit den Füßen wegstoßen.
- Drücken Sie nun etwas Luft aus dem Wasserball heraus, und geben Sie ihn Ihrem Kind zum Festhalten – das gibt ihm ein ganz besonderes Greiferlebnis.

Armspiele

Unterstützen Sie mit diesen lustigen Spielen die Bewegungsfähigkeit der Arme Ihres Kindes! Vorerst liegt es dabei auf dem Rücken, zum Beispiel auf der Wickelunterlage.

Doch sobald es aufrecht sitzen kann, lehnen Sie es an ein Kissen oder an Ihre aufgestellten Knie, oder setzen Sie es auf Ihren Schoß, und machen Sie dann mit seinen Händen rhythmische Klatschbewegungen!

Sprechen Sie dazu folgende Reime, oder denken Sie sich eigene aus.

Fährt ein Matrose übers Meer,
das Rudern fällt ihm gar nicht schwer!
Er rudert lang, hat's fast geschafft,
und dann, mit allerletzter Kraft,
legt er am Ufer drüben an,
weil er jetzt wirklich nicht mehr kann!
...... Puuuuuust!

Sylvia Horak

(Das Kind liegt auf dem Rücken, abwechselnd seinen linken und rechten Arm hochheben, also „rudern". Bewegungen verlangsamen; dann beide Arme gleichzeitig hochheben. Zum Schluß ein Küßchen auf den Bauch des Kindes drücken.)

Pitsche-patsch,
wer klatscht denn da?
Pitsche-patsch (die Monika)!
Pitsche-patsch,
klatscht wie verrückt,
ist vom Klatschen ganz entzückt!
Pitsche-patsch,
jetzt ist es still,
weil mein Kindchen nicht mehr will.

Sylvia Horak

*

Der Läng' nach
und kreuzweis',
Löchlein bohrn,
Zehen zupfen
und –
ein großer „Patsch"!

*

Patsch Hände zusamm',
patsch Hände zusamm'
(Klatschen)
was wird der Papa bringen?
Rote Schuhe, weiße Strümpfe –
soooo hoch wird die (Katja) springen!
(beide Arme gleichzeitig hochhalten)

Beinspiele

Ziehen Sie Ihr Kind so bequem wie möglich an, damit es viel Bewegungsfreiheit hat, und nützen Sie jede Gelegenheit, es auch nackt strampeln zu lassen, es zu streicheln, zu küssen und zu kitzeln!

- Kitzeln Sie die nackten Fußsohlen Ihres Babys, und fahren Sie sanft darüber, zum Beispiel mit: dem Fingernagel, einer weichen Bürste, der ganzen Hand, einem Wattestäbchen, dem Zipfel des Badetuchs, einem nassen Waschlappen, einem Stofftier oder einer Feder.

- Küssen Sie Ihr Baby zwischendurch immer wieder einmal laut schmatzend auf die Fußsohlen. Machen Sie mit ihm auch die folgenden oder eigene Fußspielchen.

Sie lassen sich übrigens auch ganz einfach zu Handflächenkitzlern abwandeln.

Pferdchen, Pferdchen,
Pferdchen b'schlagen –
wir fahrn nach München
mit dem Wagen.
Erst tun wir's Nagerl
tief neinschlagn,
dann tun wir's
wieder außigrabn –
Kitzi, kitzi, kitz!

*

Radlfahrn,
Radlfahrn,
Füße, Knie und Waden fahrn.
Linkes Bein
und rechtes Bein –
wer wird zuerst zu Hause sein?

Sylvia Horak

*

Die Zehen, die Zehen,
die kann man nicht sehen!
Sie sind im Strumpf versteckt,
und keiner hat entdeckt,
daß die Zehen von eins bis zehn
wie schwarze Rawuzln aussehn!
Sie sind zwar recht lieb und recht putzig,
aber wirklich ein bißchen schmutzig!
Und jetzt bohrn sie auch noch
durch den Strumpf – ein Loch !!!!
(Bei diesem Gedicht zupfen Sie sanft an den Zehen und wackeln sie ein wenig hin und her.)

Flug- und Fallspiele

„Sich fallenlassen" ist eine große Vertrauensfrage! Damit Ihr Kind sich später als Erwachsener in einer auf Vertrauen beruhenden Partnerschaft auch einmal fallenlassen kann, muß es dieses „Ich-kann-mich-auf-dich-Verlassen" schon von Geburt an erfahren haben!

- Legen Sie Ihr Baby wie zum Wiegen in Ihre Arme. Nun drehen Sie sich – zuerst langsam, dann immer schneller – erst rechts, dann linksherum um Ihre eigene Achse.
- Halten Sie Ihr Kind hoch über Ihrem Kopf, und lassen Sie es danach sanft, aber mit einem kleinen Ruck, nach unten fallen.

Mit diesen beiden Spielchen machen Sie Ihr Baby auch erstmals mit dem Gefühl der raschen Fortbewegung vertraut. Bald merken Sie, daß es dieses „Fliegen und Fallen" genießt und immer wieder danach verlangt. Und da zwei Spiele nicht genügen, hier noch einige Vorschläge:

- Legen Sie sich auf den Rücken, und stemmen Sie Ihr Baby auf Ihren Füßen vorsichtig hoch. Halten Sie es dabei mit den Händen in der Schwebe. Dann neigen Sie die Füße leicht, damit sich sein Gewicht etwas verlagert.
- Legen Sie Ihr Kind bäuchlings auf Ihren Arm, und drehen Sie sich nun mit ihm zuerst langsam, dann immer schneller im Kreis herum.
- Halten Sie Ihr Baby im Arm, und singen Sie ihm etwas vor. Dabei beugen Sie es nun manchmal so weit vor oder zurück, daß es das Gefühl hat zu fallen. Mit einem Küßchen und mit einem zärtlichen Herandrücken holen Sie Ihr Kind sofort wieder in die „ungefährliche" Ausgangslage zurück!
- Fassen Sie Ihr Kind unter den Achseln, und lassen Sie es mit einem Ruck nach unten „sausen". Sofort danach holen Sie es wieder hoch, um mit ihm zu schmusen.
- Verbinden Sie diese berauschenden Gefühle des Sich-fallen-Lassens, des „Fahrtwindes" und des Schwindligwerdens mit alten und neuen Kniereitersprüchen und Bewegungsreimen:

Müller-, Müllersackerl,
ist der Müller nicht zu Haus',
leern wir's Sackerl sonstwo aus!
Schloß ist vor, Riegel vor –
werfn wir's Sackerl hinters Tor!
Haaaauuuu ruck!

(Zwei Erwachsene schwingen das Kind in einer Decke hin und her. Zum Schluß wird es mit „Hau ruck" sanft aufs Bett „geworfen".)

*

Mein Engel möchte fliegen,
hei, das ist nett!
Mein Engel fliegt zum Himmel rauf,
und plumps – aufs Bett!

Sylvia Horak

*

Müllers dicke, faule Grete
saß auf einem Baum und nähte.
Krach! Der Ast brach ab. Wieso?
Grete fiel auf den – Popo!

*

Große Glocken machen
bim-bam, bim-bam.
Kleine Glocken machen
Kling-klang, kling-klang.
Und die kleinen Schellenglöckchen
machen klingelingelingeling!

(Das Kind auf dem Schoß halten und es zuerst ganz langsam, dann immer schneller reiten lassen.)

*

Wir reiten um die Wette
vom Ofen bis zum Bette.
Einer wird der erste sein, die
andern kommen hinterdrein!

(Kind auf dem Schoß reiten lassen.)

Wer bist du? – Der erste Kontakt zu anderen

Spätestens im dritten Monat reagiert Ihr Kind mit einem Lächeln auf die liebevolle Zuwendung eines Menschen, wenn es dessen Augen sieht und dessen Gesicht sich leicht bewegt. Bald aber lächelt Ihr Kind schon, wenn es nur eine vertraute Stimme hört.

Obwohl es anfangs jeden Menschen freudig anstrahlt (Verhaltensforscher deuten das als lebenserhaltende Schutzfunktion), kann es etwa am Ende des sechsten Lebensmonats schon ganz genau zwischen bekannten und unbekannten Menschen unterscheiden. Nun lächelt es nämlich die ihm vertrauten Personen viel spontaner an als fremde Menschen.

In Kürze beginnt Ihr Kind auch schon, den Gesichtsausdruck seines Gegenübers nachzuahmen. Bald kann es mit seiner Mimik auch schon sehr deutlich zum Ausdruck bringen, ob es gerade aufmerksam, erstaunt, neugierig, ängstlich oder erwartungsvoll ist, oder ob es sich einfach freut, weil Sie bei ihm sind!

Grimassenspiele

- Ab etwa zehn bis zwölf Wochen strecken Babys schon die Zunge heraus, wenn man es ihnen vormacht – versuchen Sie es doch auch einmal!
- Halten Sie Ihr Gesicht nahe an das Ihres Babys, und schauen Sie es jetzt möglichst ausdruckslos an.

Dabei beobachten Sie folgendes: Ihr Baby wird unsicher, es kann nämlich aus Ihrem Gesichtsausdruck Ihre momentane Stimmung nicht erkennen und wird deshalb unruhig!

- Lächeln Sie nun! Sofort strampelt Ihr Kind freudig und lächelt erleichtert zurück.
- Machen Sie wieder ein „neutrales" Gesicht oder ein ernstes, oder drehen Sie den Kopf zur Seite.

Jetzt stellen Sie fest, daß auch das Lächeln Ihres Kindes sofort versiegt!.

- Wenden Sie sich Ihrem Baby wieder zu, spitzen Sie nun Ihre Lippen, und machen Sie die Augen weit auf.

Einen Moment lang verharrt Ihr Baby erstaunt, doch plötzlich versucht es Ihren Gesichtsausdruck nachzuahmen!

- Lassen Sie Ihrem Kind Zeit beim Betrachten Ihrer Mimik, und verändern Sie sie immer wieder, zum Beispiel so:
- schlecken Sie sich genüßlich die Lippen,
- rümpfen Sie die Nase,
- zeigen Sie die Zunge, einmal ganz langsam, dann ruckartig wie ein Chamäleon,
- runzeln Sie die Stirn,
- blasen Sie die Wangen auf.
- Drücken Sie mit Ihren Grimassen auch Ärger, Freude, Anspannung, Zorn, Frieren, Schwitzen und vieles mehr aus!.

Sie merken sehr bald, wieviel Spaß Ihr Baby an diesen Spielchen hat und daß seine gezielten Gesichtsbewegungen zunehmend sicherer werden. Und schließlich unterhalten Sie sich dabei auch köstlich!

Die erste große Liebe

Weil fast jedes Kind die positive Zuwendung am häufigsten von seiner Mutter erfährt – sie hat ja meistens den innigsten Kontakt zu ihrem Baby – wird es auch überwiegend die Mutter anlächeln, wenn es diese gemeinsam mit anderen Personen im Blickfeld hat.

So kommt es in diesem ersten halben Lebensjahr ganz langsam und zunehmend zu einem gegenseitigen Austausch von Gefühlen zwischen Mutter und Kind, und aus dem anfänglichen „normalen" Blickkontakt der beiden entsteht eine echte Vertrauens- und Liebesbeziehung, die ein Leben lang halten kann.

Vom Ich zum Du

In den Fünfziger Jahren dieses Jahrhunderts wollte die Entwicklungspsychologin **Charlotte Bühler** (*1893, †1974) wissen, wie sich so junge Kinder im Umgang mit anderen, etwa gleichaltrigen Gefährten, verhalten. Dazu setzte Sie einige etwa sechs bis 24 Monate alte Kinder gemeinsam in ein Laufställchen und beobachtete sie. Dabei zeigte sich folgendes:

Vor dem sechsten Monat gibt es nur „Schau- und Berührungskontakte". Das heißt, andere Kinder werden betrachtet, berührt, gezogen, gestoßen – also erkundet wie jeder andere Gegenstand auch, aber noch nicht als Personen erkannt.

Das bedeutet aber nichts anderes, als daß ausschließlich Sie als Mutter und Vater in diesem ersten halben Lebensjahr Ihres Babys seine einzigen „echten" Bezugspersonen sind! Ihr Kind muß Sie zwar auch zuerst wie einen Gegenstand kennenlernen (siehe Seite 32/33, Kennenlernspiele), aber bald wird es zu Ihnen – die Sie sich so liebevoll und intensiv mit ihm beschäftigen – seine erste innige, echte Gefühlsbeziehung aufbauen. Dabei erfährt es durch Sie, daß es außer dem *Ich* auch ein *Du* gibt!

Viel zärtlicher Körperkontakt wie Schmusen, Baden, Singen, Plaudern, Füttern und Wickeln und jede Menge Spielanregungen für die Sinne helfen Ihrem Kind, seine körperlichen Fähigkeiten zu üben und zu verbessern, seine Denkfähigkeit zu trainieren und das Gefühl zu entwickeln: „Ich gehöre zur Familie"!

Marienkäfer flieg

überarbeitet von Sylvia Horak

(Das Kind zuerst in den Armen wiegen und ihm zum Schluß einen „schmatzenden" Kuß aufdrücken!)

ICH RÄUME EIN UND WIEDER AUS

Das zweite halbe Lebensjahr

Vom Umdrehen, Sitzen und vom Krabbeln

Weil Ihr Kind sich bis jetzt nicht selbständig fortbewegen kann, verfügt es nur über ein relativ begrenztes Blickfeld. Es vermag zwar, seinen Kopf zu drehen und mit den Augen seine Umwelt zu erforschen; es lernte auch, ihm angebotene Gegenstände auf ihre Beschaffenheit hin zu untersuchen, aber seine Umgebung selbsttätig und ohne Ihre Hilfe zu erkunden, das konnte es bisher noch nicht.
Doch dies wird sich nun ändern! Jetzt versucht Ihr Kind nämlich unermüdlich, seine Lage zu verändern, also sich vom Bauch auf den Rücken zu drehen und später vom Rücken auf den Bauch. Und genau diese Fertigkeiten braucht es, um das Krabbeln zu lernen.
Krabbeln ist die erste eigenständige Fortbewegungsart Ihres Kindes. Ja, und wer das einmal kann, dem gehört die Welt!

Dreh' dich um

Unterstützen Sie Ihr Baby ein bißchen bei seinen ersten Umdrehversuchen. Ermuntern Sie es dazu durch begeisterten Zuspruch, und helfen Sie ihm dabei mit den folgenden Übungen.

- Legen Sie Ihr Kind auf den Bauch, und halten Sie ihm links oder rechts, aber gut sichtbar, sein Lieblingsspielzeug hin. Bewegen Sie dieses nun langsam über ihm hinweg zur anderen Seite. Das Baby wird sein Spielzeug mit den Augen verfolgen, sich dabei unwillkürlich drehen und – auf den Rücken rollen!
- Rollen Sie Ihr Baby abwechselnd langsam vom Bauch auf den Rücken und wieder zurück. Dadurch geben Sie ihm Gelegenheit, dieses sich „rasch" ändernde Lagegefühl zu spüren.
- Legen Sie Ihr Kind auf den Rücken, reichen Sie ihm einen Finger und ziehen Sie es langsam in die Seitenlage. Lassen Sie es nun kurze Zeit so verharren und seine neue Stellung wahrnehmen. Dann drehen Sie es wieder langsam zurück auf den Rücken.
- Lassen Sie Ihr Baby in dieser Lage, und zeigen Sie ihm nun einen interessanten Gegenstand, etwa eine brennende Taschenlampe. Jetzt legen Sie sie – links oder rechts – so weit entfernt hin, daß Ihr Kind sie nicht erreicht. Es wird versuchen, sich zu der begehrten Lampe hinzurollen, um sie zu bekommen!

So eine Krabbelei

Sobald Ihr Kind sich allein umdrehen kann, wird es alles versuchen, um nun auch vorwärts zu kommen. Unter großer Anstrengung zieht es sich mit den Armen weiter und macht mit den Beinen wilde Schwimmbewegungen. Manchmal landet es dabei schon zufällig auf einem Knie, und bald bemerkt es, daß es auf Händen und Knien viel schneller vorwärts kommt!

- Legen Sie einen bunten, begehrenswerten Gegenstand ein wenig entfernt von Ihrem Kind auf den Boden, damit es motiviert ist, in diese Richtung zu robben. Kommt es dabei noch nicht allein vom Fleck, dann halten Sie Ihre Hand gegen seine Fußsohlen. So kann es sich abstoßen. Sie werden sehen, daß diese Hilfe bald überflüssig ist.
- Zeigen Sie Ihrem Baby unbekanntes, interessantes Spielzeug. So wecken Sie seine Neugier – und die ist ja bekanntlich die beste Antriebsfeder, um etwas zu tun!
- Legen Sie dieses Spielzeug aber nur so weit von Ihrem Kind entfernt hin, daß es auch wirklich eine Chance hat, es zu erreichen, und nicht resigniert aufgibt.
- Alles, was sich bewegt oder Geräusche erzeugt, macht noch neugieriger! Mit einem Brummkreisel, einer Spieldose, einem kleinen Radio, einem lauten Wecker, einem hüpfenden Aufziehtier und mit Ähnlichem mehr regen Sie Ihr Baby zum Krabbeln an!
- Durch Tunnel zu kriechen ist besonders interessant, kann man doch nie wissen, was einen am anderen Ende erwartet! Lassen Sie Ihr Kind zuerst nur durch Ihre gegrätschten Beine krabbeln, später durch die mehrerer, hintereinander stehender Personen. Schließlich bauen Sie große Pappkarton- oder Sitzpolster-Tunnel auf, oder Sie verhängen Stühle und Tische.
- Lassen Sie Ihr Kind ein Stück vorwärtskrabbeln, und stoppen Sie es dann ganz plötzlich, indem Sie es von hinten an seinen Hüften packen. Ihr Baby quietscht vor Vergnügen, versucht wie wild weiterzukrabbeln und wartet aufgeregt auf Ihre nächste „Fangattacke"!
- Im Bett bei Mama und Papa macht Krabbeln besonders viel Spaß! Da geht's über Deckenberge und Polsterlandschaften; bis hinauf auf Papas Rücken. Dort das Gleichgewicht zu halten und dann weiter bis in Mamas Arme zu gelangen ist ja wirklich ein herrliches und völlig ungefährliches Erlebnis!

Krabbel – krabbel, eine – zweie,
seht nur her, wie ich mich freue!
Schön war es bis jetzt im Bett,
aber Krabbeln ist auch nett.
Bin gespannt auf all das Neue!
Krabbel – krabbel, eine – zweie.

Sylvia Horak

Was ist da oben los?

Sind Rücken-, Hüft- und Beinmuskulatur Ihres Kindes kräftig genug (mit etwa acht Monaten), dann ist es höchste Zeit für Sie, Ihre Wohnung kindersicher zu machen! Jetzt beginnt Ihr Kleines nämlich, sich an den Stäben des Gitterbettes oder an Tischbeinen in den Stand hochzuziehen und sich an Möbeln weiterzuhanteln. Allerdings fällt ihm dieses Hochziehen anfangs leichter als das Sichhinsetzen. Wenn es müde ist, läßt es sich einfach mit einem lauten Plumps fallen, um sich kurz danach schon wieder an allen möglichen Gegenständen oder an Beinen aufzurichten. Es muß ja nachschauen, was es „da oben" Interessantes zu erforschen gibt!

- Setzen Sie sich auf einen Stuhl oder mit ausgestreckten Beinen auf den Fußboden. Halten Sie Ihr Baby nun unter den Achseln gerade so hoch, daß es unter seinen Füßen Ihre Beine als Widerstand spürt. So verlocken Sie es dazu, sich locker wippend von dieser Unterlage abzustoßen.
- Legen Sie auf einen schweren Sessel ein begehrtes Spielzeug, das Ihr Kind nur dann erreichen kann, wenn es sich zumindest auf die Knie hochzieht.
- Gelingt es Ihrem Kind bereits, sich zum Stehen hochzuziehen, so lassen Sie es ruhig einmal einen leichten Sessel oder seinen Kinderwagen vor sich herschieben. Das ist zwar anstrengend, befriedigt es aber ungemein und stärkt das Vertrauen in sein Können!

Ihre Wohnung ist kindersicher, wenn ...

- alle Steckdosen mit Sicherheitsplättchen versehen sind,
- Putzmittel, Waschpulver und Medikamente sich außer Reichweite Ihres Kindes befinden,
- sich Ihr Kind nirgends verbrennen kann,
- alle zerbrechlichen Gegenstände möglichst hoch hinaufgestellt oder fortgeräumt sind,
- in den unteren Fächern keine Bücher, keine Elektrogeräte und kein Zierrat stehen,
- die Polstermöbelbezüge robust, leicht zu reinigen oder gar abnehmbar sind,
- keine Tischtücher und Deckchen von Tischen und Kästchen gerissen werden können.

Ich sitze – du ziehst

Sicherlich haben Sie Ihr Kind schon im ersten Halbjahr seines Lebens öfter einmal in Ihren Armen sitzend herumgetragen oder es in das Babystühlchen gesetzt, damit es alles gut beobachten kann. Weil aber seine Rückenmuskulatur noch zu schwach war, ist Ihr Baby immer schon nach kurzer Zeit mit rundem Rücken in sich zusammengesunken. Nun aber, mit etwa neun Monaten, kann es schon für kurze Zeit (wenn auch sehr angestrengt) frei und aufrecht sitzen und dabei sein Gleichgewicht halten.
Zu seinem ersten Geburtstag hat es schließlich keine Balanceschwierigkeiten mehr. Nun kann es mit Begeisterung auf einem „Rutschauto", einem Rollerschemel, einem Schaukelpferd oder auf einem anderen „fahrbaren Untersatz" die Welt erobern.

- Egal ob Leiterwagen, Schlitten mit Lehne oder ein starker Pappkarton mit Schnur – da drin angelehnt zu sitzen und von Mutti oder Vati gezogen zu werden, das ist eine ganz tolle Sache. Und gleichzeitig dient dieses Gezogenwerden einem guten Zweck: Ihr Kind lernt dabei das freie Sitzen.

Sitzspiele

- Strecken Sie Ihrem Kind die Hände hin, damit es Ihre Finger umklammern kann, und fordern Sie es durch leichtes Ziehen zum aufrechten Sitzen auf. Spüren Sie, wie es versucht, sich auszubalancieren?
- Befestigen Sie nun quer über seinem Gitterbett eine feste Stange, an der allerlei buntes Spielzeug hängt. So wird Ihr Kind dazu angeregt, sich an ihr hochzuziehen.
- Setzen Sie Ihr Kind angelehnt an ein Kissen auf den Boden, und breiten Sie nun attraktives Spielzeug vor ihm aus. Um es zu erreichen, beugt Ihr Kind sich nach vorn und versucht dabei das Gleichgewicht zu halten.
- Angelehnt an ein Kissen sitzt Ihr Kind auf einer festen Unterlage. Reichen Sie ihm ein Spielzeug von vorne oben, damit Ihr Kind seine Arme danach hochstrecken muß. Das ist gar nicht so einfach, wie es sich anhört, und gerade zu Übungsbeginn noch eine recht wackelige Übung!

Wir reiten um die Wette

Kann Ihr Kind ohne Schwierigkeiten frei, sicher und gerade sitzen und sein Gleichgewicht halten, dann genügt ihm das sanfte Reiten auf den Knien eines Erwachsenen nicht mehr. Nun ist nämlich die Zeit für erste Ausritte auf dem Schaukelpferd gekommen.
Die Schaukelbewegungen erfordern sehr viel Kraft und stärken sowohl Bauch- als auch Rücken- und Armmuskeln. Und wenn Sie die Reitkünste Ihres Sprößlings mit lustigen Liedern und Gedichten begleiten, so fördern Sie damit zugleich auch sein Rhythmusgefühl und verstärken seinen Spaß an der Sache!
Herrlich galoppieren läßt es sich aber nicht nur auf Ihrem Schoß oder auf dem Schaukelpferd. Es macht auch großen Spaß, auf Mamas Rücken oder auf Papas Schultern in luftiger Höhe durch die Gegend zu traben!

Begleiten Sie all die kleinen Hoppe-Hoppe-Reiter-Lieder am besten immer mit einem selbsterdachten Singsang!

Die Mutti ist mein stolzes Pferd,
hoppe – hoppe –ho.
Es wird vom Reiter hochverehrt,
hoppe – hoppe – ho!
Springt mit mir über Stock und Stein,
hoppe – hoppe – ho,
und abends in den Stall hinein!
hoppe – hoppe – brrrr!

Sylvia Horak

Wir reiten um die Wette
vom Ofen bis zum Bette!
Einer wird der erste sein,
die andern kommen hinterdrein!

*

(Thomas, Thomas) huckepack,
Vati, trag mich wie 'nen Sack!
Wird der Sack dir dann zu schwer,
steig' ich runter, bitte sehr!

Sylvia Horak

*

Ich reite, reite Huckepack,
mein Pferdchen ist der Peter.
Ich reit' im schnellen Trab davon,
und sag ich „Ho!“, dann steht er.

Sylvia Horak

Mit „Werkzeugen" geht alles leichter

Ist Ihr Baby etwa zehn Monate alt, dann legen Sie einen interessanten Gegenstand auf eine Decke außerhalb seiner Reichweite. Es wird kurz überlegen und ihn dann mit Hilfe der Decke zu sich heranziehen! Es hat also durch Nachdenken die Beziehung zwischen sich selbst, dem Gegenstand und der Decke erfaßt! Es benutzt sie als Hilfsmittel, um an den begehrten Schatz zu gelangen.

Mit denselben Überlegungen holt es sich auch ein Nachziehtier heran, das zu weit entfernt ist, dessen Schnur aber griffbereit daliegt. Hier ist also die Schnur das „Werkzeug"!

Werkzeugdenken ähnlicher Art finden wir auch bei den am höchsten entwickelten Tieren, den Schimpansen: Sie stapeln zum Beispiel Kisten aufeinander, um an eine von der Decke hängende Banane zu gelangen. Was aber beim Tier schon eine absolute Leistung darstellt, ist beim Menschen erst der Anfang seiner intellektuellen Entwicklung!

Erste Denk-Förderspiele

Mit kleinen Spielchen wie den folgenden fördern Sie das Denken und das Erinnerungsvermögen Ihres Kindes. Außerdem erhält es die Möglichkeit, sich zu orientieren und Zusammenhänge zu begreifen.

- Befestigen Sie einige Spielsachen an Gummibändern oder an Schnüren, und knüpfen Sie die Enden am Bett oder am Kinderwagen fest. Zeigen Sie Ihrem Baby nun immer wieder, wie es die Gegenstände selbst mit Hilfe der Schnur zu sich heranholen kann.
Diese Erkenntnis macht ihm Spaß, und Sie müssen sich nun nicht mehr so oft nach Spielzeug bücken, das es – wie alle Kinder in diesem Alter – unermüdlich und mit Vergnügen hinuntergeworfen hat!
- Um das Erinnerungsvermögen Ihres Kindes zu fördern, geben Sie jedem Möbelstück und jedem Spielzeug im Kinderzimmer einen festen Platz. Lehren Sie Ihr Kind spielerisch, Ordnung zu halten. So hat es die Möglichkeit, sich zu orientieren und sich leichter zu merken, wo die Dinge sind.
- Halten Sie bei allen immer wiederkehrenden Tagesereignissen wie bei Mahlzeiten, beim Baden, Anziehen … eine gewisse Regelmäßigkeit im Ablauf ein, und benutzen Sie für bestimmte Tätigkeiten immer wieder dieselben Wörter. Sagen Sie nämlich zum Beispiel beim Pulloveranziehen regelmäßig „Arme hoch!", so merkt Ihr Kind sich bald den Zusammenhang und hebt von selbst die Arme, sobald es sieht, daß Sie ihm den Pullover anziehen wollen!
- Legen Sie jeden Abend, nachdem Ihr Baby eingeschlafen ist, ein bestimmtes Spielzeug in sein Bett, mit dem es am Morgen spielen kann. Sie erreichen damit zweierlei: Zum einen hat Ihr Kind sich diesen Vorgang bald gemerkt, sich an dieses allmorgendliche Überraschungsritual gewöhnt, und es freut sich immer schon darauf! Zum anderen haben Sie die Chance, morgens etwas länger schlafen zu können, weil Ihr Baby beschäftigt ist!

Räumen Sie diese „besonderen Morgenspielsachen" aber nach dem Aufstehen immer gleich fort, damit sie für Ihr Kind auch wirklich etwas Besonderes bleiben!

Ich lasse jetzt los

Greifen, festhalten, loslassen, und wiederergreifen: Diese Bewegungen muß Ihr Kind tausendfach üben, und es dauert noch lange, bis seine Finger geschickt genug sind, Gegenstände kontrolliert zu handhaben. Das Öffnen und Schließen der Hand und das Aufnehmen mit den Fingern übt es, indem es ständig Dinge ergreift und sofort wieder fallen läßt oder wegschleudert, um sofort darauf nach etwas Neuem zu greifen.

Bald jedoch schon geht dieses „Ergreifen – Festhalten – Loslassen" über ein reines Muskeltraining hinaus, denn nun lauscht Ihr Baby auch auf den unterschiedlichen Klang, den die Dinge beim Aufprallen erzeugen. Spätestens wenn es merkt, daß es den Griff *absichtlich* lösen kann, entdeckt es auch, daß es die Gegenstände „beherrscht" und daß sie sich zielgerichtet dazu einsetzen lassen, Kontakt mit anderen Personen aufzunehmen. Von nun an wird es mit Begeisterung Spielzeug aus seinem Bettchen oder aus dem Wagen werfen und darauf warten, daß Sie es aufheben und ihm zurückgeben. Als liebevolle Eltern bücken Sie sich jetzt unermüdlich und machen dieses – Ihnen eigenartig erscheinende – Spielchen mit, hat doch Ihr Baby soviel Spaß daran!

Das „Loslassenkönnen" hat also drei verschiedene Aspekte und bedeutet für Ihr Kind, daß es

- die Geschicklichkeit seiner Hände ausbildet,
- Erfahrungen über unterschiedliche Materialeigenschaften sammelt,
- eine weitere Möglichkeit hat, Kontakt mit anderen aufzunehmen und soziale Fähigkeiten einzuüben.

Wenn Sie diese Vorteile der zugegebenermaßen Sie strapazierenden „Wurfspiele" überdenken, so werden Sie diese sicher besser akzeptieren können. Probieren Sie doch das folgende Spiel aus.

- Geben Sie Ihrem Baby eine große Metalldose oder eine Kunststoffbox, die Lärm macht, wenn man Dinge hineinwirft. Zeigen Sie Ihrem Kind, wie das funktioniert, und ermuntern Sie es immer wieder zur Nachahmung. Ist es dann zielsicher geworden, so schieben Sie die Dose weiter weg, und schon ist das Wurfspiel wieder interessant!

Beobachten Sie Ihr Kind! Schon ganz früh entwickelt es eine Vorliebe für *eine* seiner beiden Hände, mit der es vorzugsweise greift und wirft. Für den späteren Gebrauch von „Werkzeugen" ist es aber wichtig, Dinge von einer Hand in die andere zu nehmen oder beide Hände gleichzeitig zu benutzen. Versuchen Sie daher einmal folgende Spiele:

- Stellen Sie die Dose an der entgegengesetzten Körperseite der Wurfhand auf. Was geschieht? Um diese – wie gewohnt – nehmen zu können, dreht Ihr Kind den Oberkörper. Zeigen Sie ihm nun, daß es das Spielzeug auch in die andere Hand nehmen und damit werfen kann! Bald wird es das ganz von selbst tun.
- Spielen Sie „Bitte gib es mir":
Reichen Sie Ihrem Baby zum Beispiel einen Teddy, einen Baustein oder ein Bilderbuch, und fordern Sie es zur Rückgabe auf. Verbinden Sie die Sprache immer wieder mit der „Bitte-bitte-Geste". Nach einiger Zeit versteht Ihr Kind, was Sie von ihm wollen. Es gibt sein Spielzeug her – also bewußtes Loslassen – verlangt es aber sofort mit einer ebensolchen Geste zurück.
- Verbinden Sie Geben und Verstecken: Bitten Sie Ihr Kind, Ihnen die Puppe zu geben, und verstecken Sie sie dann hinter ihrem Rücken. Atemlos gespannt wartet Ihr Kind nun auf das Wiederauftauchen und auf die Rückgabe der Puppe. Und weil Ihr Baby dieses Spiel sehr lustig findet, fällt ihm das Hergeben auch nicht allzu schwer.

Grapsch –
jetzt hab' ich dieses Ding,
will es dir nicht geben!
Ach, du sagst ja „Bitteschön" –
na, dann kriegst du's eben!

Sylvia Horak

Ein- und Ausräumen

Sobald Ihr Kind sitzen oder krabbeln kann, entwickelt es eine neue Lieblingsbeschäftigung: das Ein- und Ausräumen von Kästchen, Kistchen, Schubladen und von Möbelfächern sowie das Füllen und wieder Leeren diverser Behälter. Diese Tätigkeit schult das Zusammenspiel von Augen und Händen (Auge-Hand-Koordination) und verfeinert die Bewegungsabläufe (Handmotorik) zunehmend rascher. Bald kann Ihr Kind dünne Fäden, Papierschnipsel und andere winzige Gegenstände aufheben, indem es seine Finger wie eine Pinzette einsetzt. Nun interessiert es sich auch für kleinste Einzelheiten, wie zum Beispiel für Steckdosen (!), Puppenaugen, Rosinen in Brötchen, Mamas Schmuckschatulle, die Schubladen in Papas Schreibtisch, Omas Nähkästchen und für Opas Werkzeugkasten mit der herrlichen Schraubensammlung! Alles, was irgendwo hineingesteckt oder herausgeholt werden kann, das findet Ihr Kind nun unwiderstehlich. Und auch Gegenstände, die sich herunterdrücken, kurbeln oder drehen lassen, ziehen es magisch an. Hier eine kleine Auswahl an geeignetem „Haushaltsspielzeug“:

- **Zum Öffnen und zum Schließen**

Verschieden große Dosen und Töpfe mit passenden Deckeln, Kästchen mit Laden, Nähkasten zum Auseinanderziehen, Vorratsdosen mit Riegel, Werkzeugkiste, kleine Schmuckschächtelchen und Schampooflaschen mit Schnappverschluß zum Auf- und Zuklappen,

- **Zum Kurbeln und zum Drehen**

„Flotte Lotte“, alte Kaffeemühle vom Flohmarkt, eine Salatschleuder oder ein altes Telefon,

- **Zum Drücken**

Alter Toaster, Keksmaschine, alte Autohupe, Kippschalter und Klingelknöpfe.

Wasser ist – nicht nur – zum Waschen da!

Wasser ist ein herrliches Element für Kinder, und fast alle baden und plantschen mit Begeisterung. Badewannenspiele im warmen Wasser sind von Anfang an *der* Hit. Und eines Tages, wenn Ihr Kind wieder einmal eine wahre Plantschorgie veranstaltet hat, – das Wasser tropft von der Decke, und Sie sind völlig durchnäßt, – dann beschließen Sie: „Ab sofort wird gemeinsam in der großen Wanne gebadet!“ Natürlich ist es für Ihr Kind besonders reizvoll, im warmen, knöcheltiefen Uferwasser eines Sees oder in den Wellenausläufern am Meer zu plantschen. Aber für vergnügliche Wasserspiele eignet sich durchaus auch die Wanne zu Hause. Wichtig ist ausschließlich, daß Ihr Kind Wasser mit „Spaß haben“ gleichsetzt und keine Angst entwickelt!

In der Wanne, in der Wanne
sitzt das kleine Fräulein Hanne,
und sie denkt, die Wanne wär'
schon das ganze, große Meer.

Und sie selber, denkt sie sich,
sei ein Walfisch, fürchterlich!
doch es dauert gar nicht lange,
wird ihr vor ihr selber bange!

Triefend – und sie weint noch immer –
rennt sie aus dem Badezimmer.
Ganz erschrocken denkt der Dackel:
„Was hat denn unser Buziwackel?“

Wasserspiele

Natürlich beginnen Sie mit den behutsamsten Wasserspielen! Sie merken aber ohnehin genau, wie sich Ihr Kind weiterentwickelt und mutiger wird. Dementsprechend steigern Sie dann Ihre gemeinsamen Plantschaktivitäten.

- Legen Sie Ihr Kind auf Ihre flache Hand, halten Sie es mit der anderen fest, und ziehen Sie es vor und zurück durchs Wasser.
- Halten Sei Ihr Baby im Arm, und lassen Sie langsam Wasser aus einem Becher über seinen Rücken und über den Bauch rinnen.
- Nehmen Sie nicht nur Kunststofftiere und -boote mit in die Wanne, sondern auch unzerbrechliche Becher und Schüsseln, Schneebesen (damit läßt sich so wunderbar Schaum schlagen!), Trichter und Siebe.
- Bohren Sie Löcher in den Boden einer leeren Spülmittelflasche, und zeigen Sie Ihrem Kind, wie man damit Gießkanne spielen und sich gegenseitig berieseln lassen kann. Dreht man nun die Flasche auf den Kopf, so rinnt das Wasser nur aus dem Ausgußloch.

- Tauchen Sie so ins Wasser ein, daß Ihr Mund sich unter den Wasseroberfläche, Ihre Nase aber darüber befindet, und blubbern Sie wild darauflos. Prusten Sie Ihr Kind danach jedesmal lachend an. Bald wird es auch versuchen, im Wasser zu pusten.
- Schenken Sie Ihrem Kind eine preiswerte, aber wassertaugliche Puppe, die es von nun an immer mit ins Bad nimmt. Machen Sie auch mit dieser Puppe bewußt alle Wasserspiele wie: Schaumhauben und nasse „Waschlappenhüte" aufsetzen, kurz untertauchen und Wasser übers Gesicht rinnen lassen. Setzen Sie sie gezielt als Vorbereitung auf das ungeliebte Kopfwaschen ein.
- Kleben Sie eine oder mehrere Spiegelfliesen an die Kacheln neben der Wanne. Es macht nämlich viel Spaß, sich selbst und andere mit viel Badeschaum geschmückt im Spiegel zu betrachten.
- Zeigen Sie Ihrem Kind auch dies: Eine leere Plastikflasche schräg ins Wasser halten und Luft rausblubbern lassen.
- Bälle schwimmen auf dem Wasser. Und wenn man sie erst runterdrückt und dann losläßt?
- Badewasser darf durchaus auch einmal bunt sein. Dazu rühren Sie Lebensmittelfarbe in einem Becher an und mischen sie dann ins Badewasser. Ein absolut ungefährliches und ausgesprochen lustiges Vergnügen!
- Wie kann man Wasser zum Spritzen bringen? Indem man zum Beispiel mit der Hand daraufschlägt, es wild mit dem Arm umrührt, einen Gegenstand mit Schwung hineinwirft, mit dem Fuß hineinstampft oder sich hineinplumpsen läßt.
- Und wenn Sie einmal gar keine Zeit für langwierige Badestunden mit Ihrer kleinen Wasserratte haben, dann machen Sie am besten folgendes: Stellen Sie einen Behälter mit Wasser auf eine undurchlässige Plane oder auf den Balkon. Oder Sie stellen einen Stuhl zum Abwaschbecken und lassen Ihr Kind nach Herzenslust plantschen.

Du bist mein kleiner Nackedei,
du bist Hans Pitschenaß,
und wie dich Gott erschaffen hat,
so setz' ich dich ins Faß!

Wasser ist zum Waschen da

überarbeitet von Sylvia Horak

Ich + du = wir

Nach wie vor sind Sie die wichtigste Person für Ihr Baby. Durch Ihre liebevolle Fürsorge und durch positive Zuwendung beim Spielen fühlt es sich bei Ihnen geborgen. So entsteht im Laufe des ersten Lebensjahres zwischen Ihnen und Ihrem Kind eine enge, gefühlsbetonte Bindung, die für sein weiteres Gedeihen und seine zukünftige Einstellung zu anderen Menschen äußerst wichtig ist!

Etwa im achten Monat hat Ihr Kind plötzlich große Angst, allein gelassen zu werden von den Personen, denen es vertraut! Es klammert sich beim Anblick fremder Menschen ängstlich an seine Mama, lehnt fremde Hilfe ab und ist eifersüchtig. Bei jedem Abschiednehmen spielen sich dramatische Szenen ab, und viele Eltern sind jetzt völlig ratlos, weil Ihr „freundlicher Wonneproppen" nun auf niemanden mehr zugeht.

Diese für Eltern tatsächlich schwierige Zeit ist aber für die Entwicklung des Kindes unerläßlich! Jetzt unterscheidet es nämlich erstmals zwischen ihm bekannten und ihm fremden Personen. Es lernt, sich den vertrauten Menschen seiner Familie zugehörig zu fühlen und Fremden gegenüber ein gesundes Mißtrauen zu empfinden.

Kommt Ihr Baby in diesem zweiten Halbjahr auch mit anderen Kindern zusammen, so wird es bereits von sich aus aktiv mit ihnen Kontakt aufnehmen: zuerst durch Anlächeln und Anlallen, dann durch Anbieten von Spielzeug.

Gegen Ende des ersten Lebensjahres können Sie dann schon so etwas wie die „Vorstufe einer Spielgemeinschaft" (Charlotte Bühler) beobachten: Ihr Kind tauscht mit anderen sein Spielzeug oder streitet darum. Und schon bei diesen jungen Kindern steht der jeweilige Rang in der Gruppe innerhalb weniger Minuten fest!

Was immer sie nun mit Ihrem Kind unternehmen – Sie prägen dabei auch sein soziales Verhalten! Durch Sie lernt es auf spielerische Art unsere *gesellschaftlichen Spielregeln* kennen. Zum Beispiel sind neidlos abgeben und warten können, Rücksicht oder Anteil nehmen, positive Eigenschaften, die Ihr Kind erst von Ihnen lernen muß. Auch die mitunter als altmodisch verpönten Verhaltensrituale wie Bitten und Danken, Begrüßen und Verabschieden sind für ein positives Zusammenleben förderlich und daher nie überholt.

Bitte-Danke-Spiele

- Treten Sie an das Bett Ihres etwa sechs Monate alten Babys, und lächeln Sie es an. Geben Sie ihm nun seinen Ball in die Hand. Sagen Sie dann: Bitte, gib mir den Ball. Machen Sie dabei mit den Händen die entsprechende Geste, und nehmen Sie Ihrem Kind den Ball sanft wieder weg. Nun sagen sie „Danke". Wiederholen Sie dieses Bitte-Danke-Spiel in den folgenden Monaten immer wieder.
- Achten Sie auch auf Ihr eigenes Verhalten: Natürlich bedienen Sie sich im Umgang mit anderen nicht der kindlichen Gestik. Aber Ihr Kind versteht die Wörter „bitte" und „danke" sehr bald und registriert genau, ob und wann Sie sie verwenden!

- Auch Teddys und Puppen können bitten und danken! Spielen Sie deshalb öfters mit seinen Stoffgefährten „geben und nehmen". Es wird Sie dabei aufmerksam beobachten!

Begrüßen- und Verabschiedenspiele

- Sie müssen fortgehen: Tun Sie es nicht kommentarlos, sondern küssen und umarmen Sie Ihr Kind. Sagen Sie „Auf Wiedersehen" oder „ba-ba", und winken Sie ihm im Weggehen zu. Verabschieden Sie sich kurz, aber herzlich und immer mit demselben Ritual.
- Papa, Oma und Opa oder eines der Geschwister verlassen die Wohnung: Heben Sie Ihr Baby hoch, und reichen Sie es zum Abschiedskuß herum. Dann nehmen Sie sein Ärmchen und machen damit „winke-winke". Mit etwa neun Monaten wird es die Geste allein machen, wenn Sie es dazu auffordern.
- Handpuppen können wunderbar winken und bitten! Setzen Sie sie bewußt als Erziehungshilfen ein!

Ich weiß, daß du da bist

Noch vor kurzer Zeit beachtete Ihr Kind Personen oder Gegenstände nicht mehr, wenn sie aus seinem Blickwinkel gerieten. Es verhielt sich sozusagen nach dem Motto „Aus den Augen, aus dem Sinn".
Nun haben sich aber seine geistigen Fähigkeiten ein großes Stück weiterentwickelt, und bald schon begreift es, daß Dinge oder Personen auch dann noch existieren, wenn man sie momentan nicht mehr sehen kann.
Fällt Ihrem Kind ein Spielzeug zu Boden, so geht es nun nicht – wie früher – einfach zu anderen Spielen über. Jetzt beugt es seinen Oberkörper in die vermutete Richtung und schaut sich intensiv nach dem vermißten Etwas um. Ebenso macht es sich bewußt auf die Suche nach einem „unsichtbaren" Urheber eines interessanten Geräusches, das es vernimmt.
Gegen Ende des ersten Lebensjahres wird es sogar vertraute Gegenstände, Tiere oder Personen auf Fotos wiedererkennen. Jedoch ist ihm zu diesem Zeitpunkt noch nicht klar, daß Abbild und Wirklichkeit nicht dasselbe sind. Ihr Kind kann sich aber nun an etwas oder an jemanden erinnern, ihn sich vorstellen. Allmählich lernt es Dinge auch dann als dieselben wiederzuerkennen, wenn sie einmal weiter entfernt liegen oder anders beleuchtet sind.
Das Versteckspiel (nächste Seite) wird jetzt umgedreht: Erst hatte Ihr Baby den größten Spaß, wenn *Sie* sich hinter einem Tuch versteckten und dann plötzlich wieder auftauchten. Nun quietscht es vor Vergnügen, wenn *es selbst* dahinter verborgen ist und sich das Tuch mit lautem Hallo vom Gesicht zieht!
Versteckspiele jeder Art trainieren das Gedächtnis Ihres Kindes, fördern seine sozialen Fähigkeiten und machen Ihnen und Ihrem Baby Spaß. Veranlassen Sie es deshalb so oft wie möglich zu diesem spielerischen Lernen.

Versteck- und Suchspiele

- Ich hör' Dich: Machen Sie vor den Augen des Kindes ein bestimmtes Geräusch (mit Papier rascheln, auf einen Topf klopfen, summen ...). Verstecken Sie sich nun so im Zimmer, daß Ihr Kind Sie nicht sehen kann, und wiederholen Sie jetzt dasselbe Geräusch. Dieses zu suchen, dazu ermuntert ein anderer Erwachsener Ihr Kind.
- Wenn Sie Ihr Baby im Kinderwagen spazieren fahren, verstecken Sie sich einmal hinter ihrem Schirm, dann hinter einem Baum, nun hinter einer Hausmauer ...
- Verstecken und suchen Sie und Ihr Kind sich abwechselnd: einmal Sie, dann es.
- Holen Sie Ihr Baby zum Kuscheln in Ihr Bett, und spielen Sie unter Federkissen, Decken und Laken Verstecken.
- Meine Tochter liebte es, wenn ich vor ihrem Aufstehen – unter der Bettdecke – ihre „Zehen-Zwerge" suchte: Diese frechen Gesellen klammern sich fest und müssen einzeln von den Zehen abgezupft werden, bevor das Kind aufstehen kann!
- Verstecken spielen kann man aber auch prima unter viel Schaum in der Badewanne. Und in so einem Schaumberg ein bestimmtes Spielzeug zu finden ist noch schwieriger!
- Fertigen Sie ein „Neugierpäckchen" an: Wickeln Sie ein kleines Spielzeug in ein Geschirrtuch oder in eine Tüte, die Sie dann in drei oder vier weitere stecken, und geben Sie Ihrem Kind das Päckchen. Das Auspacken fördert die Geschicklichkeit der Finger.
- Lassen Sie ein Spielzeugauto durch eine schräg gehaltene „Pappröhre" fahren. Ihr Kind kann dabei beobachten, daß das Auto, das auf der einen Seite verschwindet und auf der anderen Seite wieder auftaucht, noch immer dasselbe ist!

- Sammeln Sie drei sauber gespülte braune Einweckgläser. Verstecken Sie nun unter einem ein Holzpüppchen, während Ihr Kind zusieht, und sagen Sie zum Beispiel: „Schau einmal ganz genau hin, in welchem Häuschen die Mutti das Püppchen versteckt hat."
- Schwieriger wird es für Ihr Kind, wenn Sie unter drei undurchsichtigen Joghurtbechern ein „Nußmäuschen" verstecken! Lassen Sie deshalb das Wollschwänzchen deutlich hervorschauen, und fordern Sie Ihr Kind auf, zuerst danach zu suchen.
- Nehmen Sie einen Karton, der möglichst so groß ist, daß Ihr Kind hineinpaßt. Füllen Sie ihn etwa halbvoll mit sogenannten Füllchips oder mit geknülltem Klopapier, und verstecken Sie nun in dieser „Wühlkiste" ein kleines Holzspielzeug. Belohnen Sie den erschöpften Finder mit großem Applaus!

Der Schlupfkasper

„Fludriwusch" war von Anfang an klarer Spielfavorit meiner Tochter! Nur seine wackelnde Feder sah man, wenn er sich in der Tüte versteckte. Wenn er langsam wieder hervorkam und über den Rand guckte, dann quietschte und jauchzte mein Kind vor Vergnügen! Basteln oder kaufen Sie auch so einen Schlupf- oder Tütenkasper, und vergessen Sie auf keinen Fall die Feder! Kleben Sie sie einfach an der Mütze fest. Zum Selbermachen benötigen Sie Karton, einen Holzstab, eine Wattekugel und bunte Stoffreste.

Schlußbemerkungen zum ersten Lebensjahr

Um den ersten Geburtstag herum spricht Ihr Kind schon die ersten „richtigen“ Wörter mit Bedeutung. Dabei ahmt es Ihre Sprache und Ihren Tonfall, aber auch Ihre Gestik und Mimik drollig nach.
Was immer Sie im Laufe dieses ersten Lebensjahres mit Ihrem Kind tun – ob Sie mit ihm schmusen, es wickeln, baden, füttern, mit ihm spazieren fahren, plaudern, kuscheln und mit ihm singen – es lernt dabei!
Nehmen Sie sich deshalb viel Zeit, geben Sie Ihm genügend Anregungen für seine Sinne, unterstützen Sie seine Experimentierfreude und seinen Entdeckungsdrang. Bedenken Sie dabei aber bitte auch:
Um Ihr Kind zu fördern, brauchen Sie nicht immer fertig gekauftes, oft teures Spielzeug! Lassen Sie sich von Alltagsgegenständen zu immer neuen Spielen inspirieren. Improvisieren Sie dabei mit einfachen Hilfsmitteln, denn für *Ihr Baby ist Ihre liebevolle Zuwendung das allerwichtigste*, und die kann ihm das teuerste Spielzeug der Welt nicht ersetzen!

Wir haben gesungen,
wir sind gesprungen,
wir haben gelacht,
das hat müde gemacht!
Jetzt bekommt noch
jeder einen Kuß –
Schluß!

ICH MACH DAS GANZ ALLEIN

Das zweite Lebensjahr

through the wood to the baker's. She

Ich baue einen Turm

Schon im ersten Lebensjahr machte Ihr Kind durch Betasten und Greifen erste Erfahrungen mit der Dreidimensionalität von Gegenständen. Jetzt möchte es mit seinen Bausteinen mehr machen, als sie nur in den Mund zu stecken, aneinanderzuschlagen oder von sich zu werfen.

- Beziehen Sie eine leere Waschmittelbox mit einfarbiger Folie (Tapete), und kleben Sie bunte Bausteinformen auf. So erkennt Ihr Kind schon von außen, was die Box enthält. Es merkt sich, daß sie der Platz für die Bauklötze ist. Und am Trageriemen kann es selbst sein Baumaterial überallhin schleppen.
- Stellen Sie doch die ersten Bausteine selbst her: Ganz einfache, zusammenpassende Formen aus beschliffenem, aber unbehandeltem Holz genügen Ihrem Kind für seine ersten Bauversuche. Farben spielen dabei vorläufig noch eine untergeordnete Rolle. Wenn Sie in jeden Stein ein 5 mm großes Loch bohren, kann Ihr Kind später, sobald es dazu geschickt genug ist, „Auffädeln" spielen.
- Bald braucht Ihr Kind zum Spielen mit den Bauklötzen auch schon Figuren. Kaufen Sie drei oder vier Holzkegel. Sägen Sie sie in der Mitte quer durch, und schleifen Sie sie ab. Nun sehen sie aus wie große Mensch-ärgere-dich-nicht-Puppen und haben eine stabile Standfläche!
- Beobachten Sie Ihr Kind beim Spiel mit den Bausteinen: Zuerst legt es immer wieder eine lange Reihe aneinander, später dann schichtet es die Steine zu einem Turm aufeinander. Wenn Ihr Kind nun mit den Klötzen baut, so hat es auch im zweiten Lebensjahr noch keinen Plan, was daraus werden soll. Es nimmt sich also nicht vor: „Ich baue jetzt ein Haus", sondern es setzt die Steine aufeinander und sagt plötzlich im nachhinein: „Haus". Seine eigene Freude an der Erkenntnis, daß es mit seinem Spielmaterial etwas Konkretes darstellen kann, und Ihr anerkennendes Lob spornt es immer wieder zu neuen Versuchen an!
- Türme bauen kann Ihr Kind aber auch mit Gegenständen des Haushalts. Dazu eignen sich Joghurt- und Margarinebecher, Puddingförmchen und Eierkartons, leere Lebensmittelpackungen und Dosen. Sie lassen sich nebeneinanderstellen, auftürmen oder ineinanderstecken. Ihr Kind legt kleine Spielsachen hinein, schüttelt sie, nimmt sie wieder heraus und bewahrt die Formen zum Turm gestapelt auf. Das alles kostet fast nichts, und Sie haben die Verpackungen sinnvoll verwendet.

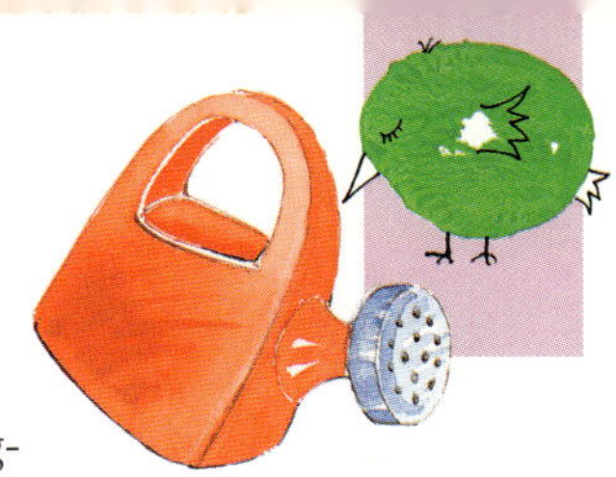

Ritsche, ratsche, roll

In diesem Jahr wird Ihr Kind auch feststellen, daß es die Form vieler Dinge bewußt verändern kann! So bemerkt es zum Beispiel: Wenn ich meine Hand in den feuchten Sand drücke, entsteht eine kleine Grube; wenn ich Sand und Wasser vermische, wird daraus Matsch; wenn ich Ton, Teig oder Knetmasse ausrolle, knete, klopfe, ziehe oder schneide, forme ich Gebilde; und wenn ich Papier zerreiße – was besonderen Spaß macht – erhalte ich viele kleine Stücke oder Streifen.

Ritsche, ratsche, knet, klopf, roll,
ei, wie ist das Formen toll!
Meine Hände sind geschickt –
hab' sie in den Sand gedrückt.
Misch' ich Wasser noch dazu
hab' ich schönsten Matsch im Nu!
Klopf' auf Ton, und roll' ihn aus –
schau! Was wird da plötzlich draus?
Reiß' Papier in kleine Stücke,
Stopf' damit so manche Lücke,
laß' es fliegen, laß' es schweben –
Mutti, kannst' mir noch was geben?
Ritsche, ratsche, knet, klopf, roll,
ei, wie ist das Formen toll!

Sylvia Horak

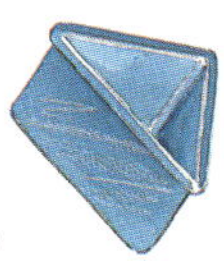

Sandspiele

- Richten Sie Ihrem Kind möglichst irgendwo eine Sandspielecke ein. Am idealsten dafür ist natürlich ein Platz im Garten oder auf einem Balkon. – Ein kleines Kunststoffbecken (etwa 80 x 80 cm) findet aber auch im (beheizbaren) Treppenhaus oder in einem geräumigen Vorzimmer Platz (Vorteil: Badnähe!)

- Zum Sandspielen eignen sich natürlich die in jedem Spielzeuggeschäft erhältlichen Förmchen, Kübel, Schaufeln, Rechen, Siebe und Gießkannen. Aber auch in jedem Haushalt findet sich genug anderes „Werkzeug", mit dem Ihr Kind Sand und Matsch bearbeiten kann: Mit einem großen Löffel läßt sich herrlich graben, mit einem Holzkochlöffel oder einem Holzbrettchen mit Griff klopft und schiebt man den Sand, mit einer dicken Holzleiste kann Ihr Kind ihn flachdrücken; später dient sie zum Überbrücken von „Gräben". Joghurtbecher und Kunststoffbehälter von Überraschungseiern sind tolle Sandformen. Ein Margarinebecher mit Löchern im Boden oder ein ausgedienter Zuckerstreuer sind herrliche Siebe für trockenen Sand!

- Füllen Sie Schraubdeckel von Marmeladengläsern, Blumenuntersetzer, Eierpaletten, Käseschachteln oder ähnliches mit feuchtem Sand. Wenn Sie ihn mit Tapetenkleister vermischen, ist seine Konsistenz zum Experimentieren noch geeigneter: Lassen Sie Ihr Kind alle möglichen Dinge hineindrücken, und betrachten Sie gemeinsam die entstandenen Abdrücke. Welches Muster machen Kronkorken, Korkenstöpsel, große Knöpfe, Klorollen, ein grober Reißverschluß …?

- Ihr Kind zaubert kleine Kunstwerke, wenn es in das Gemisch aus Sand und Kleister zum Beispiel folgendes hineinsteckt: kleine Zweige und Blätter, Kugeln, Hühner- und Taubenfedern, Mohnkapseln, bunte Perlen, Nußschalen und vieles mehr. Und wenn Sie das Sand-Kleistergemisch außen an ein Gurkenglas auftragen und Ihr Kind dahinein kleine Gegenstände drückt (Muscheln, Perlen, Teilchen eines zerbrochenen Spiegels …), dann haben Sie eine hübsche, kleine Blumenvase. Sie ist auch eine Erinnerung für Sie und später für Ihr Kind an seine ersten Sandexperimente!

Knetspiele

Hantieren mit Ton, Knete oder mit Teig ähnelt zwar dem Spielen mit feuchtem Sand, aber Ihr Kind bemerkt dennoch bald Unterschiede in der Beschaffenheit. Natürlich wird es noch nicht so modellieren wie etwa ein Vierjähriges! Diese Materialien bloß zu kneten, zu formen und zu schmieren, das allein macht schon einen Riesenspaß, erfordert viel Kraft, baut aufgestaute Energien ab, und es fördert schließlich die Handgeschicklichkeit.

- Da gerade die Allerkleinsten jedes Material auch mit dem Mund erproben, bieten Sie ihrem Kind als erstes Knetmaterial etwas Eßbares und daher Ungefährliches an!
- Geben Sie ihm eine alte Semmel, und lassen Sie es das Innere herauszupfen, drücken, kneten und formen.
- Auch mit Mürbeteig kann Ihr Kind herrliche erste Knetversuche machen! Geben Sie ihm doch einfach dafür immer etwas von Ihrer Teigmasse ab!

- Ist Ihr Kind ein bißchen älter und steckt nicht mehr alles automatisch in den Mund, dann gehen Sie zu solchen Knetmaterialien über, die die Werke Ihres Kindes auch haltbar machen, wie zum Beispiel Salzteig, Plastillin, Ton, aber auch all die im Handel erhältlichen ungiftigen Knetmassen.

Papierspiele

Das beliebteste Material der Allerkleinsten ist eindeutig Papier! Was kann man damit nicht alles machen: Es läßt sich knüllen, zerreißen, wegpusten, essen! – Ja, und gerade *weil* man es auch in den Mund stecken kann, achten Sie bitte besonders darauf, daß Ihr Kind keine bedruckten Zeitungen erwischt!

- Bevor Ihr Kind großartige Bastelarbeiten aus Papier herstellen kann, muß es lange Zeit einfach nur damit experimentieren dürfen. Dabei steht reißen eindeutig an der Spitze der Beliebtheitsskala.
- Mit ein bißchen Geduld können Sie übrigens schon Ihr Allerkleinstes daran gewöhnen, Papierschnipsel in einem großen Karton zu sammeln und auch wirklich nur „erlaubtes Material" zu zerreißen!
- Klopapier eignet sich besonders gut zum Experimentieren! Zeigen Sie Ihrem Kind, was man damit alles machen kann: abrollen, aufrollen, knüllen, werfen, zielen, es flattern lassen, Straßen durch die Wohnung legen, Puppen verbinden, sich selbst oder andere darin einwickeln, „Geschenkpäckchen" machen, im Wasser Klumpkügelchen drücken, …
- Kleben oder halten Sie bunte Transparentpapierstückchen vor eine brennende Taschenlampe. Ihr Kind kann nun ins farbige Licht schauen oder den bunten Lichtkegel an die Wand projizieren!

Krixikraxi macht der Maxi

Durch Kneten und Reißen lernt Ihr Kind also, die *Form* verschiedener Materialien bewußt zu verändern. Beim Kritzeln mit dem Stift – sozusagen sein verlängerter Arm – wird es das neue Gefühl von *Linie* und *Fläche* kennenlernen. Zuerst bedeckt es die Fläche mit vielen Strichen und freut sich an den Spuren, die sein Stift hinterläßt. Später werden aus den Strichen durch spiralige Bewegungen wirre Knäuel, aus denen schließlich erste Kreise entstehen. Ihr Kind befindet sich noch immer im „Funktionalen Stadium", in dem es noch nicht gestaltet, sondern nur experimentiert. Lassen Sie es daher alle möglichen Schreib-, Mal- und Zeichenmaterialien erproben, aber drängen Sie es nicht, etwas Konkretes wie ein „Haus" darzustellen! Mindestens bis zu seinem dritten Geburtstag kritzelt und hantiert Ihr Kind noch wild mit dem Stift herum und bewegt beim Zeichnen den ganzen Arm, ja sogar den ganzen Körper mit! Je kleiner das Kind, desto größer sollte die Fläche sein, auf der es malen darf. Mit ein paar praktischen Kniffen verliert diese farbintensive Phase auch für penible Hausfrauen ihren Schrecken!

Daß der Fußboden abgedeckt wird, das versteht sich von selbst. Und hier nun einige Malvorschläge für die Wand.

Erstes Malen

- Besorgen Sie einfarbige, abwaschbare Tafelfolie, und kleben Sie sie an eine frei zugängliche Wand (in Kinderhöhe!). Hier darf Ihr Kind ungestört großflächig mit dicker Kreide zeichnen.
- Eine glatte, abwaschbare Tapetenwand dient als Malunterlage, auf der Sie nun mit Klebeband beliebig große Packpapierbögen in Kinderhöhe befestigen. Hat Ihr Kind sein Werk beendet, läßt sich das Blatt leicht abnehmen und die eventuell verschmierte Unterlage leicht reinigen.
- Natürlich können Sie das Papier auch auf den Tisch oder auf den Boden kleben. – Beim Zeichnen und Malen an der Wand wird es aber weit weniger oft verrutschen oder einreißen!
- Erklären Sie Papas altes Hemd zum Malkittel Ihres Kindes! Ärmel aufkrempeln, Länge kürzen, hinten zuknöpfen – und schon darf mit Farbe gekleckert und experimentiert werden!
- Kleine Hände benötigen großes Werkzeug! Ihr Kind muß den Gebrauch seiner Hand ja erst unermüdlich üben, und auch das Halten von Schreib- und Malwerkzeug will gelernt sein! Finger- und Kleisterfarben sind daher für den Anfang ideal, denn dafür nimmt Ihr Kind seine Finger als Malstift. Dicke Wachsmalbirnen, Pinsel oder Filzstifte eignen sich auch.

- Fingerfarben und besonders die flüssigen Malfarben (Erdfarben) sollten ihren eigenen Platz haben! Besorgen Sie sich dafür eine kleine Obststeige, und stellen Sie Farbtöpfe und -gläser hinein. Fällt nun einmal eines um, so bleibt der Farbsee „im Rahmen".
- Sind Ihnen käufliche Fingerfarben zu teuer, so rühren Sie doch einfach aus ungiftigen Bestandteilen selbst welche an.

Ungiftige Fingerfarben

Sie benötigen:

3 Eßlöffel Zucker, 1/2 Becher Maisstärke (Maizena), 2 Becher kaltes Wasser.

So wird's gemacht:

Kochen Sie bei niedriger Temperatur und unter ständigem Rühren einen Brei. Teilen Sie ihn dann in fünf Portionen auf, die Sie je mit roter, gelber, grüner, blauer und brauner Lebensmittelfarbe mischen.

- Erste Malversuche lassen sich auch auf eher ungewöhnliche Art durchführen, und hierbei lernt Ihr Kind wieder Neues über verschiedene Materialbeschaffenheiten:
- Wassermalen: Mit dickem Pinsel und gewöhnlichem Wasser wird auf sommerlich heißem Asphalt oder Beton gemalt. Nach einiger Zeit verschwinden die Kunstwerke durch Verdunsten wieder.
- Rasierschaumbilder: Papa rührt eine Schüssel voll herrlichem Rasierschaum an, und der Sprößling malt damit und mit seinen Fingern auf einem großen, liegenden Spiegel!

Krixikraxi malt der Maxi,
kritzeln meint er, das sei schön!
„Seht nur,
was mein Stift hervorbringt –
mit den Fingern müßt's auch gehn!"
Fleißig malt er rauf und runter,
hier ein Klecks
und dort ein Strich.
Fröhlich meint der Max ganz munter
„Kommt nur her – bewundert mich!"

Sylvia Horak

Das paßt ja zusammen!

Ihr Baby macht nun große Denkfortschritte! Beim Spiel mit Hohlwürfeln, verschieden großen Gefäßen oder auch bei seinem begeisterten Ein- und Ausräumen lernt es, daß Gegenstände unterschiedlich groß sind und daß der kleinere immer in den größeren paßt (aber nicht umgekehrt).

Durch Krabbeln und Gehen erprobt Ihr Kind – im wahrsten Sinne des Wortes – den Raum, denn es lernt, die Dreidimensionalität der Dinge (Tiefe) immer besser zu verstehen. Nun macht es auch Erfahrungen mit Gegensätzen wie hohl – voll, oben – unten und außen – innen. Es merkt aber auch, daß viele Gegenstände in seiner Umgebung einander ähnlich oder gar gleich sind.

Vor dem Wissensdurst Ihres Kindes und vor seiner unersättlichen Neugier ist nun nichts mehr sicher. Was nur erreichbar ist, wird ausgeräumt, ausgebreitet, von allen Seiten betrachtet, verglichen, mit dem Mund geprüft und geschmeckt. Außerdem versucht Ihr Kind, alles in seine Bestandteile zu zerlegen: Es wirft absichtlich Gegenstände zu Boden, um ihren Fall zu beobachten; es schlägt sie auf andere oder läßt sie in Behältnisse fallen, um ihren Klang beim Zusammenstoß mit verschiedenen Materialien zu hören. Es versucht, beliebige Dinge aufeinanderzutürmen, und es macht dabei erste Erfahrungen mit der Statik. Mit seinen Händchen probiert es jetzt erstmals Drehbewegungen durchzuführen, wenn es mit Schraubverschlüssen hantiert.

Die folgenden Spiele fördern die Fähigkeiten Ihres Kindes, durch aufmerksames Beobachten und durch Nachdenken Schlüsse zu ziehen.

Das Gleiche suchen

- Stellen Sie von verschiedenen Gegenständen jeweils zwei zu einem Paar zusammen, das in Form, Farbe und Größe absolut gleich ist, zum Beispiel: zwei Bauklötze, Waschlappen, Obst- oder Gemüsesorten, Becher, Bälle, Wollknäuel, Dosen, Klanghölzer, Glöckchen, Kegelpüppchen Puddingförmchen, Fläschchen, Socken, Schuhe, Handschuhe … Auch hier gilt wieder: je jünger das Kind, desto größer und einfacher die Formen!
- Legen Sie jetzt etwa ein rotes Wollknäuel – gut sichtbar – auf den Boden, und halten Sie das zweite in der Hand. Nun blicken Sie abwechselnd von einem Knäuel zum anderen und fordern Ihr Kind gleichzeitig auf, Ihnen das dazu passende zu bringen. Helfen Sie zu Beginn ruhig ein bißchen nach, indem Sie selbst die Wolle holen und neben die andere legen. Bald hat ihr Kleines die Aufgabenstellung, Pärchen zu bilden, verstanden!
- Legen Sie jetzt einen der beiden Gegenstände auf den Tisch, den zweiten ein bißchen weiter weg,

etwa aufs Fensterbrett. Dann fordern Sie Ihr Kind auf, das passende Stück im Raum zu suchen. Geben Sie ihm dabei sprachliche und praktische Unterstützung: Suchen Sie gemeinsam mit ihm.

- Stellen Sie eine Obststeige mit Äpfeln und Orangen auf den Boden, und daneben zwei leere Körbchen. Legen Sie nun in das eine einen Apfel und ins zweite eine Orange. Bitten Sie Ihr Kind, weiter zu sortieren.
- Lassen Sie sich von Ihrem Kind beim Zusammensuchen der gewaschenen Sockenpaare helfen!
- Schneiden Sie aus Karton etwa handtellergroße Pilze aus, und bekleben Sie jeweils zwei mit demselben Material (Samt, Schaumgummi, grob- und feingekörntes Schleifpapier, Metallfolie …). Beginnen Sie selbst, ein Pilzpaar zusammenzustellen. Dann lassen Sie Ihr Kind nach und nach immer mehr sich gleich anfühlende Paare heraussuchen.

Flaschenspiele

- Sammeln Sie mehrere relativ große Kunststoffflaschen mit Schraubverschluß. Kleiden Sie einen Korb mit hübschem Stoff aus, und erklären Sie ihn zum Platz für das Flaschenspielzeug.
- Geben Sie Ihrem Kind vorerst nur eine Plastikflasche mit dazugehörigem Verschluß, und fordern Sie es auf, diesen auf- und zuzuschrauben, abzunehmen und wieder auf die Flaschenöffnung aufzusetzen.

- Beherrscht Ihr Kind diese Handgriffe schon sehr sicher, dann steigern Sie den Schwierigkeitsgrad: Legen Sie nun eine zweite, etwas anders geformte Flasche mit Drehverschluß dazu. Zeigen Sie ihrem Kind, daß es ausprobieren muß, welcher auf welche Flasche paßt. Nach dem Spielen fordern Sie es regelmäßig auf, die Flaschen und Verschlüsse immer im Korb aufzubewahren.
- Ist Ihr Kind schon älter – etwa um den zweiten Geburtstag herum – so erweitern Sie das Flaschenspiel abermals. Weil Ihr Kleines nun nicht mehr alle Dinge zu Boden wirft, geben Sie ihm ruhig auch schon verschiedene dickwandige Glasbehälter mit Schraubdeckeln. Besonders gut zu handhaben sind leere Cremetiegel oder Gewürzgläser.
- Variation: Wird Ihrem Kind allmählich langweilig, weil es alle Kombinationen beherrscht, so wechseln Sie zwischendurch die Schraubgefäße aus, behalten aber die Anzahl bei. Sie wird erst mit zunehmendem Alter ihres Kindes gesteigert.
- Allmählich entsteht eine ansehnliche Flaschen- und Tiegelsammlung. Da Sie selbst den Schwierigkeitsgrad bestimmen, wird Ihr Kind auch noch im dritten Lebensjahr viel Spaß an diesem Geschicklichkeits- und Denkspiel haben!

Größen suchen

Es ist eine wichtige Erkenntnis für Ihr Kind, daß Gegenstände, die die gleiche Farbe und die gleiche Form haben, dennoch verschieden sein können – nämlich verschieden groß, lang oder dick. Beginnen Sie mit einfachsten Sortierübungen:

- Stellen Sie gleichartige Gegenstände zusammen, die sich aber deutlich in Größe, Länge oder Dicke voneinander unterscheiden. Dann breiten Sie sie unsortiert vor Ihrem Kind aus, zum Beispiel: die kleinen Schuhe Ihres Kindes und Papas große Schuhe; große und kleine Handschuhe; große Teller und Puppenteller; lange und kurze Buntstifte; lange und kurze Hosen; lange und kurze Bänder, sehr dicke Pappe und dünnes Seidenpapier; ein dickes Wolltuch und ein dünnes Seidentuch …

- Ihr Kind legt nun alle großen (langen, dicken) Gegenstände auf ein Häufchen und die kleinen (kurzen, dünnen) auf ein zweites. Es kann hilfreich sein, wenn Sie Ihrem Kind zur deutlichen Trennung einen großen und einen kleinen Karton geben, in die es dann die entsprechenden Dinge einordnet.
- Ein beliebtes Spielzeug fürs zweite Lebensjahr sind die in ihrer Größe abgestuften Hohlwürfel, -becher oder -fäßchen. Geben Sie Ihrem Kind zu Beginn aber nur den größten und kleinsten. Die mittleren bieten Sie erst nach und nach an.
- Stellen Sie den kleinsten und den größten Hohlwürfel nebeneinander (Öffnung nach oben). Vor den Augen des Kindes stellen Sie langsam den einen in den anderen und wieder zurück. Nun ist Ihr Kind an der Reihe. – Dieses Spiel läßt sich übrigens auch herrlich mit einem Satz Töpfen oder Rührschüsseln durchführen!

Formen zuordnen

Um später einmal Form und Lage von Buchstaben und von Ziffern unterscheiden zu können, muß ein Kind erst mühsam lernen, daß es verschiedene Formen gibt, und welches ihre Unterscheidungsmerkmale sind!

- Formenboxen sind bei Kindern dieser Altersstufe sehr beliebt. Ihr besonderer Reiz liegt darin, daß Ihr Kind bei jeder richtigen Lösung das jeweilige Förmchen aufprallen hört und somit eine akustische Art der Selbstkontrolle hat.
- Schneiden Sie aus dem Deckel einer stabilen Schachtel einen Kreis heraus, der gerade so groß ist, daß ein Tischtennisball hindurchpaßt. Ergänzen Sie das Spiel erst dann um eine quadratische oder dreieckige Bausteinform, wenn Ihr Kind das Prinzip des Formenspiels wirklich erfaßt hat. Bei gekauften Boxen überkleben Sie anfangs die schwierigen Formen mit Heftpflaster. So kann Ihr Kind erst mal das Einstecken der einfachen Kreisform üben!
- Verteilen Sie alle Bausteine auf dem Boden. Legen Sie nun einen Würfel oder einen Zylinder oder ein Dreieck in einen Schachteldeckel. Dann fordern Sie Ihr Kind auf, alle gleichen Formen herauszusuchen und sie zu dem Musterstein zu legen.
- Sortieren Sie mit Ihrem Kind aus der Bausteinekiste die verschiedenen Formen heraus. Ordnen Sie sie gemeinsam in getrennten Häufchen, und legen Sie zum Beispiel aus allen Würfeln eine Schlange und aus allen Zylindern eine Eisenbahn.

● Einfachste Einpaßbretter sind die Vorstufe zu Puzzles. Im zweiten Lebensjahr sollten sie allerdings aus nicht mehr als drei Teilen bestehen. Stellen Sie für Ihr Kind doch einige solcher Bretter selbst her, damit es an immer neuen Motiven seine Denkfähigkeit trainieren kann!

Einpaßbrett

Sie benötigen:

1 Laubsäge, 1 Sperrholzplatte (etwa 25 x 25 cm), Schleifpapier, Farben, wasserlöslichen Klarlack, Pinsel, dicke Pappe (genauso groß wie die Holzplatte), Klebstoff, 3 Holzperlen, etwa 1,5 cm Ø, 3 passende Schrauben.

So wird's gemacht:

Auf eine rechteckige Holzplatte zeichnen Sie drei einfache Motive (Apfel, Tasse mit Untertasse, Set mit Teller und Löffel, Ball, Teddy ...) mit etwas Abstand zueinander auf und sägen sie aus. Dann schleifen Sie sie ab und bemalen und lackieren sie. Auf die Unterseite der nun „löchrigen" Sperrholzplatte kleben Sie die Pappe. Zum Schluß schrauben Sie die Holzperlen als Griffe an den ausgesägten Teilen fest.

● Einen Zeiger zu drehen macht Spaß und fördert zugleich die Geschicklichkeit der Finger! Malen Sie auf Karton eine „Formenuhr", also verschiedene Sektoren, in die Sie jeweils eine geometrische Form hineinzeichnen. Mit Hilfe eines Splints oder einer Briefklammer befestigen Sie in der Mitte der Uhr einen Zeiger so locker, daß er sich gut drehen läßt. Ihr Kind stellt ihn auf eine Form ein und sucht dann die passenden Gegenstände.

● Nehmen Sie drei verschiedene Bausteinpaare und stecken Sie von jedem einen Stein in einen Sack. Zeigen Sie nun Ihrem Kind jeweils eine Form, und bitten Sie es, die dazu passende im Sack zu ertasten und herauszunehmen. Bald erkennen Sie, daß es Zeit ist, das „Tastangebot" um weitere Formen zu erweitern.

Ich mach das ganz allein

Ich mach' das ganz alleine,
ja seht nur, seht!
Ich bin schon so gescheit
und ich weiß, wie's geht!
Sitz nicht nur auf Muttis Schoß,
bin ja schon so richtig groß.
Wenn Ihr Hilfe braucht,
ja, dann sagt es bloß!

Sylvia Horak

(Melodie: Ein Männlein steht im Walde …)

Ihr Kind beobachtet Sie jetzt sehr genau und ahmt Sie in vielerlei Hinsicht nach. Zum Beispiel wird ihm eines Tages bewußt, daß alle Familienmitglieder Besteck benutzen. Nun möchte es auch mit einem Löffel essen und selbst mit dem Messer schneiden. Ein anderes Mal fällt ihm auf, daß jemand mit einem Hammer Nägel einschlägt, die dadurch verschwinden, und nun will es auch hämmern. Und eines Tages nimmt es vielleicht eine Ihrer Zahnbürsten und imitiert Ihr Zähneputzen.
Daß Menschen Werkzeuge benutzen, entdeckt Ihr Kind zwar heute nicht zum ersten Mal, aber jetzt will es genauso handeln wie die Großen. Und weil der Umgang mit Werkzeug die Geschicklichkeit fördert und die Fingermuskulatur kräftigt, ist er zugleich eine gute Vorübung für das spätere Zeichnen und Schreiben.
Ihr Kind beobachtet nun alles noch genauer: wie Sie aus einem Glas trinken, den Mantel zuknöpfen, sich selbst an- und auskleiden, die Schuhe anziehen, sich waschen und, und, und … Und das *alles, alles* möchte es nun auch selbermachen!
Weil aber diese neuen Tätigkeiten natürlich nicht auf Anhieb klappen, sondern erst hundertfach geübt werden müssen, und weil Sie zum Schutz Ihres Kindes auch immer wieder Grenzen setzen müssen, erlebt es eine ganze Menge Rückschläge und Mißerfolge. – Je nach Temperament reagiert es zornig oder verzagt darauf.

- Zeigen Sie Verständnis für sein Bedürfnis, alles selbst tun zu wollen, und unterstützen Sie diesen Wunsch.
- Geben Sie ihm jetzt kleine Geschicklichkeitsaufgaben.
- Lassen Sie sich von ihm bei der Hausarbeit helfen – es gibt nichts, wo es nicht ein bißchen „mitarbeiten" könnte!
- Trauen Sie ihm etwas zu – das stärkt sein Ichbewußtsein!
- Seien Sie geduldig und ermuntern und loben Sie Ihr Kind immer wieder.
- Trösten Sie es aber auch, wenn etwas schiefgeht, und beseitigen Sie ohne Groll die Spuren seiner mißglückten Versuche!

Hemdenmatz

Melodie und Text: Sylvia Horak

Die große Hilfe

- Bitten Sie Ihr Kind, das Besteck richtig einzuordnen – das ist eine sehr schwere Aufgabe!
- Fordern Sie es auf, sein Puppengeschirr selbst im Abwaschbecken zu reinigen (natürlich mit Schaum und allem Drum und Dran!).
- Lassen Sie Ihr Kind die Kartoffeln stampfen – das gibt herrlichen Matsch, und Ihr Kind wird begeistert sein!
- Machen Sie mit ihm Popcorn: Ihr Kind schüttet die Körner in die Pfanne, und durch den Glasdeckel beobachten Sie gemeinsam den aufspringenden Mais. Probieren Sie beide dann auch, wie diese Popcorn herumzuhüpfen!
- Schon Ihr zweijähriges Kind kann mit einem stumpfen Messer beim Obstschneiden für Kompott oder für Strudel helfen. Auch das Kleinschneiden von Suppengemüse gelingt Ihrem Kind schon recht gut – es müssen ja nicht unbedingt harte Karotten oder „beißende" Zwiebeln sein!
- Für den Besuch sind belegte Brötchen geplant: Da können ruhig auch etwas eigenwillig geschnittene Stücke von Käse, Wurst, Ei und Gürkchen mit „persönlicher Note" Ihres Kindes draufsein, die es mühevoll zerkleinert und liebevoll aufgelegt hat!
- Wenn Sie backen, geben Sie Ihrem Kind immer etwas Teig ab: Das Kneten, das Ausrollen mit einem kleinen Nudelholz und das Ausstechen von Keksen sind ein großes Erfolgserlebnis!

Hier ein einfaches Rezept für ein Gebäck, das auch schon die Allerkleinsten selbständig herstellen können:

Husarenkrapfen

Mürbeteig zubereiten aus:
210 g Mehl, 140 g Butter, 70 g Zucker, 2 Eidottern, 1 Eiklar zum Bestreichen.

So wird's gemacht:
Ihr Kind formt aus diesem Mürbeteig etwa nußgroße Kugeln, drückt mit seinem Zeigefinger in jede ein Loch und bestreicht sie mit dem verquirlten Eiklar. Legen Sie die Krapfen auf ein ungefettetes Blech, und backen Sie das Gebäck bei mäßiger Hitze lichtgelb. Wenn es abgekühlt ist, füllt Ihr Kind die Vertiefungen mit etwas Marmelade.

Die Mutter macht Kuchen
mit Nuß und mit Mohn,
und Kinder, die helfen,
bekommen davon!

Apfelstrudel, Apfelstrudel,
essen alle gern!
Große Leute, kleine Leute
Damen und auch Herrn.
Schneide, schneide Apfel klein,
rolle, rolle Strudel ein,
streue, streue Zucker drauf,
und die/der … ißt ihn auf!

(Dazu die jeweils zum Text passenden Bewegungen machen.)

- Erforschen Sie gemeinsam mit Ihrem Kind das Telefon, von dem es sich ohnehin magisch angezogen fühlt. Hören Sie sich das Freizeichen an, das Besetztzeichen (bei sich selbst anrufen!), die Zeitansage … Erklären Sie Ihrem Kind auch immer wieder, wie man abhebt, den Hörer richtig herum hält, sich meldet. Schicken Sie es dann ruhig ans Telefon, wenn es klingelt!
- Der Staubsauger interessiert Ihr Kind ganz besonders! Wie die Dinge in seinem Bauch verschwinden, welchen Krach er macht, und daß er – je nach Modell – geschoben oder gezogen wird. All das ist für Ihr Kind wirklich vergnüglich! – Fragen Sie Ihr Kind:

Was ist das?
Wer fährt auf dem Teppich rum
und macht immer brumm, brumm, brumm,
und wer schluckt mit einem Schlauch
all den Staub in seinen Bauch?

- Kinder helfen gern beim Vorsortieren der Wäsche, und sie beobachten oft minutenlang fasziniert das Bullauge der rüttelnden Waschmaschine.
- Lassen Sie Ihr Kind kleine Wäschestücke aus der Waschmaschine herausholen. Tragen Sie den Korb anschließend gemeinsam zur Wäscheleine. Bitten Sie es nun – mit Worten und mit Gesten –, Ihnen nach und nach bestimmte Stücke und die Wäscheklammern zuzureichen. Bald wird daraus ein reizvolles Bitte-danke-Spielchen zwischen Ihnen und Ihrer großen Hilfskraft!

Mein erstes Buch

Schon gegen Ende des ersten Lebensjahres hat Ihr Kind gelernt, Gegenstände, Tiere und Personen, die ihm vertraut sind, auf Bildern und Fotos wiederzuerkennen, Allerdings wußte es zu diesem Zeitpunkt noch nicht, daß Abbild und Wirklichkeit nicht dasselbe sind.

Nun, im zweiten Lebensjahr, beginnt Ihr Kind, seine Eindrücke von der Wirklichkeit auf Abbildungen zu übertragen. Es begreift, daß ein *Abbild* kein real vorhandener Gegenstand ist. Unterstützen Sie die Erkenntnis mit folgendem Spiel:

- Betrachten Sie gemeinsam ein Farbfoto, zum Beispiel vom letzten Familienfest, oder ein Bild in einem Katalog. Zeigen und benennen Sie dabei die Gegenstände und die Personen.
- Fordern Sie Ihr Kind nun auf, gemeinsam mit Ihnen die abgebildeten Dinge (etwa eine Banane, einen Löffel, einen Schirm, eine Haube …) in der Wohnung zu suchen.

Haben Sie einige gefunden, so legen Sie sie neben das Bild auf den Tisch. Jetzt kann Ihr Kind in Ruhe den Unterschied zwischen dem vorhandenen Gegenstand und dessen Abbildung kennenlernen.

Wenn man beobachtet, wie Kinder verschiedenen Alters Bilder interpretieren, dann kann man daraus Rückschlüsse ziehen, wie ein ideales Buch für die jeweilige Entwicklungsstufe aussehen sollte.

- Ihr ein- bis eineinhalbjähriges Kind beachtet vor allem *Gegenstände*, die es aus seinem unmittelbaren Erlebnisbereich kennt, und zählt sie einzeln auf (Ball, Auto …).
- Ab etwa 18 Monaten unterscheidet es erstmals Details und setzt handelnde Personen und Gegenstände miteinander in Beziehung („Bub Ball" = der Ball gehört dem Buben). Erst im dritten Lebensjahr begreift es eine Bilderfolge als zusammenhängende Geschichte.

Die ersten Bilderbücher für Ihr Kind sollten daher folgende Merkmale aufweisen:

- hergestellt aus sehr fester Pappe, aus Stoff oder aus Holz, damit die Bücher das prüfende Kennenlernen durch Ablutschen und -kauen überstehen und damit Ihr Kind die Seiten selbständig umblättern kann,
- einfachste Abbildungen von vertrauten Gegenständen und Tieren, ohne verwirrende Einzelheiten,
- am besten nur ein Bild pro Seite,
- klare, leuchtende Farben.

Das erste Pappbilderbuch

Schneiden Sie etwa zehn gleich große, sehr dicke Karten aus Pappkartonblättern zu.

Dann malen Sie mit kräftigen Farben auf jede Seite ein einzelnes, einfaches Motiv (Ball, Becher, Kamm, Zahnbürste, Teddy, Wecker, Apfel, Banane, Schlüssel, Pullover, Handtasche …). Nun überziehen Sie die Seiten mit Klarsichtfolie, damit die Farben beim Hantieren nicht abgehen.

Jetzt lassen Sie Ihr Kind erst die einzelnen Buchseiten betrachten. Danach lochen Sie sie, binden sie zusammen und geben Ihrem Kind das fertige Buch.

Beim nächsten Bilderbuch malen Sie schon zwei bis drei Dinge auf eine Seite, etwa ein Paar Handschuhe, Schuhe, Socken; Apfel, Birne und Banane in einem Korb; einen Teller mit Besteck daneben, eine Milchflasche und ein Glas; drei verschiedene Bausteine …

Sind Ihre Zeichenkünste damit erschöpft, suchen Sie sich einfache Motive aus Spielzeug-, Lebensmittel- und Bekleidungsprospekten heraus.

- Geben Sie Ihrem Kind solche Bilderbücher, die es auch allein betrachten darf und die es bei den Spielsachen findet, etwa in einem eigenen „Büchersack".
- Stellen Sie aber auch in ein Regal Bilder-, Reim- und Kinderliederbücher zum Vorlesen und Vorzeigen so auf, daß Ihr Kind sie zwar gut sehen, aber (noch) nicht erreichen kann. Erklären Sie, daß das ein ganz besonderer Platz ist, in dem all die schönen Bücher wohnen!

Die Luft ist raus

Schon im ersten Lebensjahr hat Ihr Kind beim Experimentieren mit seinen Sprechwerkzeugen mit großem Vergnügen bemerkt, daß es die Luft bewußt auspusten kann und dabei mitunter schöne Spuckeblasen entstehen. Bei solchen Blasversuchen lernt es, seine Atmung zu kontrollieren, und bei seinen Pusteübungen trainiert es besonders diejenigen Gesichtsmuskeln, die es später zum Sprechen braucht. Was liegt also näher, als Blasspiele zu veranstalten, mit denen die Atem- und die Sprechtechnik gezielt gefördert werden?

Pustespiele

- Blasen Sie Ihrem Kind beim Wickeln hin und wieder über Bauch und Po. Spielen Sie dabei einmal „leichtes Frühlingslüftchen" dann „tosenden Sturm". Blähen Sie dazu Ihre Wangen deutlich sichtbar auf! Das macht Ihrem Kind viel Spaß, und bald versucht es zurückzublasen!
- Pusten Sie ihm sanft ins Gesicht (Kinder lieben dieses Gefühl!), und fordern Sie es zum Nachahmen auf.
- Schon die Allerkleinsten begreifen erstaunlich schnell, wie man mit Hilfe eines Strohhalmes trinkt. Genauso schnell erfassen sie auch, wie man mit ihm „punktgenau" blasen kann: Legen Sie einige Federn, einen Tischtennisball oder einen Wattebausch auf den Tisch. Ihr Kind soll diese Dinge nun mit Hilfe der Strohhalme fortpusten. – Wechseln Sie die Gegenstände immer wieder aus, und lassen Sie alle Familienmitglieder an diesem vergnüglichen Spiel teilhaben. – Gibt es noch ein Schachteltor zum Anvisieren, so wird das Spiel besonders schwierig.

- Füllen Sie in eine Schale etwas verdünnte Seifenlauge. Durch Hineinblasen mit dem Strohhalm zaubert Ihr Kind richtige Seifenblasentrauben hervor!

Ich kann sanft und kräftig blasen,
richtig pusten schon,
und gleich fliegen Watteballchen
durch die Luft davon!
Bring mein Fähnchen auch zum Schwingen,
und blas' ich noch mehr,
fliegen alle Kissenfedern
in der Luft umher!

Sylvia Horak

- Erzeugen Sie Seifenblasen, und animieren Sie Ihr Kind, sie mit den Augen zu verfolgen, sie zu fangen, sie auf dem Boden zu zertreten, sie mit einer Gabel zum Zerplatzen zu bringen, sie mit einem Kartonstück wedelnd vor sich herzutreiben und, und, und …
- Kerzenauspusten ist eindeutig das interessanteste Blasespiel für Ihr Kind! Und weil es bestimmt auch in Ihrer Familie im Laufe des Jahres einige Feste bei Kerzenschein gibt, ist Ihr Kind sicher glücklich, wenn es beim Auspusten kräftig mithelfen darf!

Das Plappermäulchen

Sprechen ist die wichtigste Möglichkeit für Ihr Kind, sich mit anderen zu verständigen! Je größer und differenzierter sein Wortschatz ist, umso besser kann es eigene Gefühle, Wünsche und Absichten mitteilen oder andere Personen verstehen. Da Sie Ihrem Kind sowohl im emotionalen und sozialen, als auch im „schulischen" Bereich die besten Startbedingungen bieten wollen, sollten Sie sich vor Augen halten, wie wichtig Sprachpflege und -förderung sind!

Sprechlernhilfen

Sprechen lernt Ihr Kind, indem es Sie nachahmt! Am besten helfen Sie ihm daher, wenn Sie:

- ihm ein gutes Vorbild sind,
- selbst eine reiche und grammatisch einwandfreie Sprache benutzen,
- viel und deutlich mit ihm reden,
- seine Bemühungen loben,
- seine Gedankengänge nicht ständig korrigierend unterbrechen,
- all seine Fragen unermüdlich beantworten und ihm aufmerksam zuhören,
- alles, was Sie gerade tun (staubsaugen, mixen, Rundfunkgerät einschalten, nähen ...), beschreiben, während Ihr Kind zuschaut,
- die Eigenschaften von Gegenständen und von Lebewesen beschreiben – je nach Alter differenziert – (Ofen – heiß, Licht – hell, Papas Bart – struppig, Messer – scharf ...).

Schon als Ihr Kind noch ein „richtiges Baby" war und noch gar nicht aktiv mit Ihnen spielen konnte, haben Sie seine Händchen genommen und damit „Patschspiele" gemacht. Sie haben seine Fingerchen einzeln berührt und ihm dabei Fingerreime vorgesprochen oder es behutsam auf Ihrem Schoß reiten lassen und dazu Liedchen gesungen.

Auch wenn Ihr Kind jetzt selbst noch nicht reden kann, so ist sein Wort- und Sprachverständnis inzwischen bereits sehr groß geworden. Es ist nun quasi „süchtig" nach dem gesprochenen und dem gesungenen Wort und saugt all die neuen Sprachanregungen.

Jetzt, im zweiten Lebensjahr, begreift Ihr Kind, daß es mit Wörtern Gegenstände, Pflanzen, Tiere und Personen bezeichnen und über sie etwas mitteilen kann. Es weiß jetzt, daß Dinge und Wörter zusammengehören!

Durch vieles Fragen und Wiederholen nimmt der Wortschatz jetzt ständig zu, und es versteht schon viel mehr Wörter, als es selbst verwendet.

Erste Sprechspiele

- Achten Sie darauf, welcher Gegenstand im Augenblick für Ihr Kind interessant ist. Nehmen Sie ihn in die Hand, oder zeigen Sie darauf, und nennen Sie gleichzeitig seinen Namen.
- Legen Sie einige Gegenstände, die Ihr Kind gut kennt, auf den Tisch, und stellen Sie ein Körbchen bereit. Sagen Sie nun: „Was ist das?" und deuten dabei auf einen Kreisel. Die Bezeichnungen wiederholen Sie einige Male mit Ihrem Kind und loben es dabei. Jetzt darf es den Kreisel in das Körbchen legen. Das Spiel dauert so lange, bis alle Gegenstände benannt sind.
- Sagen Sie den Namen eines Gegenstandes ohne auf ihn zu deuten, sondern fordern Sie Ihr Kind auf, das zu tun. Lassen Sie es dann auch den Namen wiederholen.
- Nehmen Sie eines seiner einfachen Bilderbücher, zeigen Sie auf etwas, und benennen Sie es. Nun fordern Sie Ihr Kind auf, einen solchen Gegenstand zu holen und zum Bild zu legen.
- Welches Wort gehört zu welcher Tätigkeit? Damit Ihr Kind diesen Zusammenhang kennenlernt, lassen Sie es im Haushalt mithelfen und kommentieren Sie das, was Sie beide gerade tun, – etwa: staubwischen, saugen, Hände waschen.

- Wer oder was hat welche Eigenschaft? Auch hier muß Ihr Kind erst lernen, daß es für jede Eigenschaft ein bestimmtes Wort gibt. Machen Sie es bewußt darauf aufmerksam (groß – klein).
- Weil ein Kleinkind sehr egozentrisch ist, also alles auf sich bezieht und von sich auf die Gegenstände in seiner Umwelt schließt, sind die meisten Dinge brav oder schlimm, freundlich oder unfreundlich. Das heißt, es vermenschlicht sie in ihren Eigenschaften: Der Sessel, an dem sich Ihr Kind gestoßen hat, ist „böse", das umgestürzte Glas ist „müde" …

Lustige Reime

Unsinnige Geschichten, Kraftausdrücke, Silben-, Wort- und Buchstabenverwechslungen machen Kindern einen Riesenspaß! Auch die offensichtlich unsinnigsten Gedichte haben dennoch einen Sinn, denn:

- Ihr Kind lernt durch sie Ernst und Scherz auseinanderzuhalten,
- durch das Experimentieren mit der Sprache schwierige Laute zu artikulieren, also deutlich zu sprechen.

Schmusen

- Setzen Sie Ihr Kind auf eines Ihrer Knie und seinen Teddy auf Ihr anderes. Spielen Sie nun „liebhaben“, indem Sie einmal Ihr Kind, einmal den Teddy an sich drücken und knuddeln. Zwischendurch schmust Ihr Kind mit dem Teddy. Durch solche Spiele lernt es, daß es auch andere liebenswerte „Personen“ außer ihm selbst gibt. Bald überträgt es Ihr Verhalten ihm gegenüber ganz von selbst auf seine Puppenkinder.
- Streicheln Sie bewußt über den Kopf Ihres Kindes, wenn Sie es für etwas loben. Übertragen Sie diese mit einer Geste verbundene Anerkennung auch auf seine Puppe oder auf den Bären, und sagen Sie dazu: „Ei, ei, der Teddy war heute aber wieder sehr brav!“ Ab etwa zwölf Monaten macht Ihr Kind dieses zärtliche „Ei-ei-Spiel“ mit „seinen Kindern“.

Schnurr-di-burr,
so macht das Kätzchen,
stupst dich an mit seinem Tätzchen.
Schnurr-di-burr,
jetzt setzt sich's nieder –
streichle es,
dann schnurrt es wieder:
Schnurr, Schnurr, Schnurr!

Sylvia Horak

Meine Mu, meine Mu,
meine Mutter schickt mich her,
ob der Ku, ob der Ku,
ob der Kuchen fertig wär'?
Wenn er no, wenn er no,
wenn er noch nicht fertig wär',
käm ich mo, käm ich mo,
käm ich morgen wieder her!

Der Streichelwurm

Schneiden Sie von einem kurzhaarigen Kunstpelz ein schmales, etwa 12 cm langes Stück ab. Achten Sie auf die „Strichrichtung“, und kleben Sie ans obere Ende zwei Filzaugen.
Hält Ihr Kind jetzt auf seiner flachen Hand den Wurm und streichelt mit dem Zeigefinger der anderen Hand fest darüber, so wölbt sich das Fellstück hinter seinen Fingern – der Streichelwurm bewegt sich!

Der-Sitz-Zieh-Schmuse-Schlummer-Löwe

Sie benötigen:
Sonnengelben Frotteestoffrest (etwa 80 x 80 cm), 2 gelbe Frotteeplatten (etwa 30 cm Ø) für Kopf und Po, 1 langen Frotteestreifen für den Schwanz, 1 Knäuel dicke, braune Wolle für Mähne und Schwanzquaste, Filzreste in Weiß, Grün und Rot für Augen und Schnauze, Füllmaterial, Nähmaschine, Nähseide, dicke Stopfnadel.

So wird's gemacht:
Zuerst schließen Sie den großen Stoffrest zu einer Rolle. Danach nähen Sie „Kopf- und Poplatte“ an, ebenso den Schwanz. Nun den Löwenkörper gut ausstopfen und zunähen. Nähen Sie die Mähne in

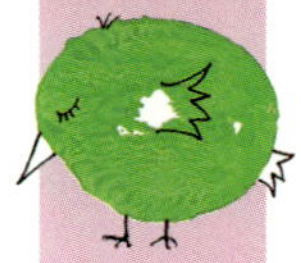

Schlingen, die Sie nachher aufschneiden an der Kopf-Körpernaht an. Jetzt auch die Quaste am Schwanzende befestigen. Zum Schluß kleben Sie die Augen, die Nase und ein freundliches Maul auf und sticken an dessen Seiten ein paar Schnurrhaare. Fertig ist der Löwe!

Trösten

- Mit Geräuschen jeder Art läßt Ihr Kind sich von seinem Kummer ablenken. Halten Sie deshalb in einem Trostkistchen einige Geräuschemacher bereit, wie kleine Glocken und Schellen, ein Spielwerk, eine schnarrende Rassel, ein schepperndes Nußschalensäckchen, ein altes Metronom, einen laut tickenden Wecker, ein weiches Stück Fell.
- Tauschen Sie mit Ihrem Kind öfter einmal die Rolle. Ist es gerade einmal wieder bei seinen ersten Gehversuchen hingefallen, so lenken Sie es ab, bevor es zu weinen beginnt: Fallen Sie jetzt selbst hin, und weinen Sie. Nehmen Sie seine Hand, und streicheln Sie damit – unter Trostworten – Ihr eigenes Gesicht. Das Kind lernt bei solchen Spielen, auf Stimmungen anderer Menschen zu achten, sich um andere zu kümmern.

Genug, genug vom Weinen –
die Sonn' wird wieder scheinen!
Die Glocken werden klingen,
die Vögel werden singen,
die Enten werden schnattern,
die Hühner werden gackern,
der Hahn wird wieder schrein,
und du – und du –
und du wirst wieder lustig sein!

*

Heile, heile, liebes Kind,
das Wehweh läuft weg geschwind!
Fliegt bis nach Amerika,
und mein Kind, das lacht: Hurra!

Kribbel, krabbel, Mäuschen,
jetzt schlüpf' ich in mein Häuschen
Kribbel, krabbel, Maus –
jetzt komme ich heraus,
jetzt schau' ich mir mein Kindchen an,
ob es wieder lachen kann!
(Mit den Fingern über Arm oder Bauch des Kindes krabbeln.)

*

Tut dir was weh?
Komm her, daß ich's seh'!
Wir werden es reiben,
da wird es nicht bleiben,
wir werden es blasen,
da kommen drei Hasen,
stupsen die Nase drauf –
und schon hört es auf!
(Mit Mimik und Gestik begleiten.)

Schlafengehen und Aufstehen

Machen Sie Ihr Kind mit „Psst" und Zeigefinger-auf-den-Mund-legen auf den schlafenden Papa aufmerksam. Gehen Sie dabei auffällig leise auf Zehenspitzen durchs Zimmer. Ihr Kind wird dieses Verhalten bald beim Spiel mit seinen Puppen imitieren und so spielerisch lernen, auf andere Rücksicht zu nehmen.
Auch hierfür und für das Schlafengehen und das Aufstehen eignen sich kleine Spielverse.

Ich spitze meinen kleinen Mund
und leg' den Finger drauf – psst!
denn ich hab' meinen Papa lieb,
und weck' ihn jetzt nicht auf!
Auf Zehenspitzen schleiche ich
ganz leise durch den Raum – psst!
Und wünsche mir, mein Papa hat
jetzt einen schönen Traum!

Sylvia Horak

*

Guten Morgen, guten Morgen,
ausgeschlafen hat mein Kind,
und auch Mutti, Vati, Teddy
jetzt schon richtig munter sind!
Mein Kind geht nun Zähneputzen
und das Waschen macht es frisch,
dann schnell anzieh'n, Hemdchen, Höschen,
und schon geht's zum Frühstückstisch!

Sylvia Horak

*

Gute Nacht, ihr lieben Leute,
denn ich hab' genug für heute!
Hab' gespielt, getanzt, gelacht,
hab' auch einen Turm gemacht.
Bin jetzt müd',
drum seid schön still,
weil ich jetzt gern schlafen will!

Sylvia Horak

Sandmännchen und Weckmännchen

Kinder mögen Zeremonien und außerdem helfen diese immer zur selben Situation wiederkehrenden Rituale Ihrem Kind, sich im Tagesablauf zurechtzufinden.
Sandmännchen und Weckmännchen sind Freunde. Sie hängen beim Kinderbett an der Wand. Während das eine Männchen Ihrem Kind ankündigt, daß nun die Schlafenszeit beginnt, weckt das andere es sanft auf!

Zwei feine Stiefel hab' ich an,
mit wunderbaren Sohlen dran,
ein Säcklein hab' ich hintendrauf,
husch – tripple ich die Treppe rauf.
Und wenn ich in die Stube tret',
dann liegt mein Kindchen schon im Bett.

Von meinem Sand zwei Körnlein fein
streu' ich in ihre Augen rein –
gleich schlafen sie in sanfter Ruh.
Pssst! Sei nur still , – und schlaf auch du!

Sylvia Horak

Sie benötigen für ein Männchen:
1 Sperrholzplatte (64 x 48 cm), 1 Laubsäge, Deckfarben, Klarlack, Pinsel, Zug- und Verbindungsschnüre, 4 große Splinte, 1 große Holzperle, 1 Zellophansäckchen mit Sand gefüllt für das Sandmännchen und 2 Glöckchen für das Weckmännchen.

Sandmännchen

So wird's gemacht:
Sägen Sie die Hampelfigurenteile (siehe Rastervorlage; Kastenlänge pro Quadrat: 8 cm) aus. Bemalen Sie sie mit Deckfarben, und lackieren Sie sie mit Klarlack. Nach dem Trocknen verbinden Sie die Teile so locker mit Schnüren und mit den großen Splinten, daß die Figur munter hampeln kann. Anschließend befestigen Sie an einer Hand ein Zellophansäckchen mit Sand. Wenn Sie den Sandmann nun hampeln lassen, wird Ihr Kind auf den sich bewegenden „Schlafsand" im Säckchen aufmerksam.

Weckmännchen

So wird's gemacht:
Sägen Sie dieselben Figurenteile wie für den Sandmann aus, aber bemalen Sie diese Figur anders. Statt des Sandsäckchens bekommt das Weckmännchen in jede Hand ein Messingglöckchen. Beim Hampeln weckt es Ihr Kind nun ganz sanft aus dem Schlaf.

Was das Weckmännchen singt

Melodie: überliefert
Text: Sylvia Horak

Alle meine Fingerlein

Ihr Kind hat bereits gelernt, je nach Anforderung seine Handflächen oder seine Finger zu benutzen. Das muß es unermüdlich weiterüben, damit es:

- seine Hände bei bestimmten Tätigkeiten zweckmäßig als „Instrument" einsetzen,
- seine Finger geschickt bewegen,
- mit dem Zeigefinger kräftig drücken und genau zielen kann,
- Daumen und Zeigefinger zur „Greifzange" zusammenschließen lernt.

Fingerförderspiele

- Geben Sie Ihrem Kind einen Klumpen Ton oder Knete, und ermuntern Sie es, mit seinen Fingern aber vor allem mit den Zeigefingern viele, viele Löcher hineinzubohren. Dann bohren Sie von einer Seite, Ihr Kind von der anderen in den Klumpen. Treffen die Finger aufeinander?
- Fertigen Sie aus Karton verschiedene Figuren an, die Sie bemalen. Schneiden Sie dann fingerdicke Löcher aus. Steckt Ihr Kind nun dahinein seine Finger und bewegt sie hin und her, dann werden die Figuren lebendig, und Ihr Kind hat viel Spaß!
- Betrachten Sie miteinander ein Fotoalbum, ein Bilderbuch oder einen Katalog. Fordern Sie Ihr Kind dabei immer wieder auf, mit dem Zeigefinger auf die benannten Gegenstände zu tippen.
- Haben Sie ein Klavier? Ihr eineinhalbjähriges Kind wird nun mit Feuereifer versuchen, die Tasten einzeln mit dem Zeigefinger herunterzudrücken, sobald Sie es ihm einige Male gezeigt haben.

- Wenn Sie Ihr Kind beaufsichtigen, dann sollte es auch ruhig schon einmal Stecknadeln oder kleine Nägel für Sie aus einer Dose herausholen dürfen. Oder stellen Sie einen Teller mit Studentenfutter auf den Tisch, und bitten Sie Ihr Kind, alle Rosinen für Sie herauszupicken.
- Lassen Sie Ihr Kind bei jeder sich bietenden Gelegenheit Tasten und Knöpfe drücken (Kassettenrecorder, Telefon, Türklingeln …)!
- Auch andere Finger wollen einmal extra bewegt werden! Spielen Sie darum „Käferkrabbeln" oder „Spinnenlaufen". Steigern Sie den Schwierigkeitsgrad, indem Sie Ihrem Kind vormachen, wie es zuerst mit Zeige- und Mittelfinger „läuft", dann mit Mittel- und Ringfinger, mit Ringfinger und kleinem Finger, mit Daumen und Zeigefinger und zum Schluß mit Daumen und kleinem Finger. Dies ist gar nicht so einfach, aber es macht viel Spaß!
- Auffädeln ist eine Fingerfertigkeit, die Geduld und Geschick erfordert. Die ersten Perlen sollten daher recht groß und die Schnur sehr fest sein. Sägen Sie von einem Besenstiel einige etwa 3 cm lange Stücke ab, und bohren Sie in jedes ein großes Loch. Nun nehmen Sie eine Wäscheleine aus Kunststoff (drillt sich nicht auf) und verknoten das eine Ende, so daß die „Perlen" nicht herunterrutschen können. Dieses erste Fädelspiel bewahren Sie in einem Beutel mit entsprechendem, aufgenähtem Symbol auf.
- Sägen Sie aus einer Hartholzplatte eine einfache Form aus (Ball, Haus, Igel …), bohren Sie zehn bis zwölf große Löcher hinein, und befestigen Sie ein sehr langes Schuhband am Rand. Ihr Kind wird nun mit Begeisterung damit „nähen", also die Schnur auf- und abfädeln. Die Schnur wieder richtig auszufädeln, das überfordert Ihr Kind allerdings. Diese „Näharbeit" dürfen Sie übernehmen!

Gereimte Fingerspiele

Schon als Ihr Kind noch ein „passives“ Baby war, haben Sie ihm Fingerlieder vorgesungen und dabei auch seine Fingerchen bewegt. Nun aber macht es bei diesen Spielen aus eigenem Antrieb begeistert mit. Und es fordert Sie auch immer wieder zur Wiederholung auf.

Kinder, Kinder, schaut nur an,
wie die Fliege fliegen kann!
Rundherum und in die Höh' –
doch da kommt ein Frosch – oh weh!
Quack, quack, quack und eins, zwei, drei –
mit der Fliege ist's vorbei!

(Die Finger der einen Hand „fliegen“ herum, die andere Hand schnappt nach der Fliege.)

*

Der hat soviel Durst.
Der möcht' eine gute Wurst,
der möcht' einen Butterwecken,
der möcht' gern Honig schlecken.
Und der kleine Putzemann
schaut vergnügt die andern an!

*

Es war einmal ein Manderl,
das kroch ins Himbeerkanderl
und trank, und trank,
und dann kroch es wieder heraus.
Doch die Geschichte ist noch lange nicht aus,
denn da war noch ein Manderl, ...

(Mit einer Hand ein Kännchen formen, den Daumen der anderen hineinstecken. Beim Trinken Kännchen schräg halten. Mit den anderen Fingern das Spiel wiederholen, beim fünften Mal heißt der Text:... und jetzt ist die Geschichte aus!)

Fünf Finger hat die rechte Hand,
fünf Finger auch die linke,
und fahr' ich in ein schönes Land,
dann mach' ich winke-winke!
Eins, zwei, drei, vier, fünf – eins, zwei, drei,
vier, fünf.

Fünf Zehen hat der linke Fuß,
fünf Zehen auch der rechte.
Ich fahr' nicht immer mit dem Bus,
weil ich auch laufen möchte!
Eins, zwei, drei, vier, fünf – eins, zwei, drei,
vier, fünf.

(Mit den Fingern der rechten Hand, dann mit denen der linken wackeln, dann winken. Zum Schluß die Finger der rechten Hand, dann die der linken einzeln abzählen.
Mit den Zehen des rechten Fußes, dann mit denen des linken wackeln. Auf dem Fleck laufen. Zum Schluß die Zehen des rechten Fußes, und dann die des linken einzeln abzählen.)

Zippel, zappel, Fingerlein,
wollen gar nicht stille sein.
Zappeln hin und zappeln her,
geben keine Ruhe mehr.
Fingerlein, jetzt aber still,
weil ich euch was sagen will:
Noch einmal hin – noch einmal her,
und jetzt gibt's kein Gezappel mehr!

Wickel-wackel geht der Bär

Zwischen zehn und vierzehn Monaten lernen die meisten Kinder stehen und gehen. Das Stehen, ohne sich dabei festzuhalten, und die ersten freien Schritte muß Ihr Kind ausdauernd üben. Denn sein Gewicht zu tragen und seinen Körper dabei im Gleichgewicht zu halten, das ist eine äußerst schwierige Angelegenheit!

Wickel-wackel geht der Bär,
seine Schritte sind so schwer!
Balanciert mit breiten Beinen,
fällt oft nieder und muß weinen.
Rappelt sich gleich wieder auf –
weiter geht's im Wackellauf!
Tappt schön vorwärts, Schritt für Schritt –
Bitte, Bär, nimm mich doch mit!

Sylvia Horak

- Bevor Kinder etwas hinter sich herziehen können, schieben sie gern etwas vor sich her! Befestigen Sie deshalb an diversem kleinen Holzspielzeug mit Rädern eine Schiebestange; ein kleiner Kinderbesen mit langem Stiel ist aber ebenso geeignet.

Nachziehspielzeug

- Nachziehspielzeug gibt es in vielerlei Variationen zu kaufen. Es fördert die Laufsicherheit Ihres Kindes und fordert es zum Gehen heraus. Dieses Spielzeug läßt sich aber preiswert und mit einfachsten Mitteln (hauptsächlich Karton) auch selbst herstellen. Hier einige Bastelideen.

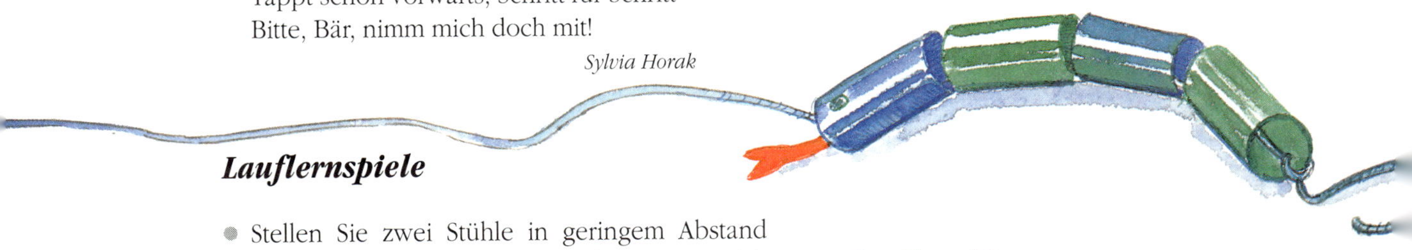

Lauflernspiele

- Stellen Sie zwei Stühle in geringem Abstand zueinander auf. Nun setzen Sie und Ihr Partner sich mit gespreizten Beinen auf jeweils einen und nehmen Ihr Kind in die Mitte. Jetzt lassen Sie es ein oder zwei Schritte hin- und herlaufen. Vergrößern Sie den Abstand von Tag zu Tag.
- Locken Sie Ihr Kind mit seinem Lieblingsspielzeug, und gehen Sie dabei langsam rückwärts. Bald wird das Kind versuchen, Ihnen gehend zu folgen.
- Sobald es einigermaßen sicher geht, lassen Sie es barfuß auf verschiedenartigem Untergrund laufen (Teppich, Holzboden, weiche Decke, rauher Klinker, Sand, Gras …). Dabei wird es immer zuerst die Zehen einziehen und dann langsam vorwärtsbalancieren.

- **Klorollenschlange**

Mit den Fingern bemalt Ihr Kind die Papprollen. Dann knoten Sie eine an eine lange Schnur, fädeln die anderen Rollen auf und verknoten in der letzten wiederum die Schnur. Diese lassen Sie etwa 1 Meter lang überhängen. Zuletzt kleben Sie Augen und Zunge aus Tonpapier an den Schlangenkopf.

- **Erbsenbus**

Durch eine große Kakaodose aus durchsichtigem Kunststoff stecken Sie zwei Schaschlikspieße als Achsen hindurch und montieren daran Pappräder. Dann füllen Sie die Dosen – etwa halbvoll – mit getrockneten Hülsenfrüchten (das klappert so schön beim Fahren!) und befestigen nun eine Schnur am Deckel der Dose.

- **Straßenwalze**

Sechs oder sieben bemalte Klorollen werden wie abgebildet mit einer langen Schnur verbunden.

- **Garnrollenwalze**

Auf die gleiche Art verbinden Sie verschieden große, bemalte Garnrollen. Zum Schluß knüpfen Sie seitlich an der Schnur kleine Messingschellen fest.

- **Eierdampfer**

Ihr Kind bemalt einen Eierkarton aus Pappe. Dann kleben Sie zwei Rauchfänge aus Klorollen auf, stecken Watte als Rauch hinein und knoten ein Stück Schnur fest.

- **Schuhkartonkatze**

Bekleben Sie eine Schachtel (ohne Deckel) mit Fellrestchen und vorne mit Kartonohren, Pappaugen und mit einem rosa Eierbechernäschen. Als Schnurrhaare dienen einige Haare von einem Besen. Einen Wollschwanz mit Fellquaste knoten Sie hinten, die Ziehschnur vorn an. Legt man nun unter die Schachtelöffnung einen Ball, der so groß ist, daß er ein bißchen darunter hervorlugt, so rollt die Katze beim Nachziehen ganz toll vorwärts.

Treppauf – treppab

Gerade erst hat Ihr Kind gehen gelernt, und schon will es hoch hinaus! Und das, obwohl jede noch so geringe Höhe es verunsichert. Helfen Sie ihm deshalb mit einfachsten Kletter- und Steigespielen.

- Am besten gewöhnt Ihr Kind sich an Höhe, wenn es in der Wohnung ungehindert über sämtliche Stühle und Polstermöbel klettern und steigen darf: Bauen Sie richtige Hinderniswege und Kraxellandschaften aus Kisten, Truhen, Tischen, Sesseln, Matratzen und aus Sofapolstern. Und vergessen Sie auch nicht, Tücher und Decken für Höhlen zum Verstecken einzuplanen.
- Für eine „erste Treppe“ brauchen Sie eine stabile Kunststoffbox. Bekleben Sie (zur Sicherung) deren oberen Rand ringsherum mit Gummistreifen, und stellen Sie die Box mit der Öffnung nach unten auf einen rutschfesten Untergrund.

Ihr Kind wird mit Begeisterung darauf herumkrabbeln. Zeigen Sie ihm nun, daß es diese Treppe auch aufrecht gehend besteigen kann, und helfen Sie ihm dabei. Zum Herunterspringen fassen Sie es an.

- Wählen Sie bei Spaziergängen und Ausflügen bewußt leicht ansteigende Wege, und lassen Sie Ihr Kind diese „schiefen Ebenen“ erklimmen.
- Gegen Ende des zweiten Lebensjahres wird das Treppenhaus zum Erlebnisparadies. Eine ganze Zeitlang hat Ihr Kind die Stiegen auf allen Vieren bezwungen. Helfen Sie ihm aber nun, durch Anfassen seiner Hand, die Treppen aufrecht hinauf- und hinabzukommen. Dabei nimmt es zunächst für alle Stufen immer das bevorzugte „Steigebein“ und zieht das andere hinterher. Erst allmählich lernt das Kind, beide Beine abwechselnd zu benutzen.

Jedes Ding hat seinen Platz

Schon Ihr zweijähriges Kind bringt Ihnen jetzt öfter einmal zerbrochenes oder beschädigtes Spielzeug, einen löchrigen Strumpf oder ein zerrissenes Kleidungsstück. Mit betrübtem Gesichtsausdruck sagt es dann: „Mama, put!" Räumen Sie den kaputten Gegenstand aber nicht gleich wortlos beiseite, sondern versuchen Sie – vor den Augen Ihres Kindes und sehr wortreich –, den Schaden zu beheben! So lernt Ihr Kind nämlich nach und nach, auf seine Sachen gut aufzupassen und Defektes nicht einfach achtlos fortzulegen.

Es ist eine wichtige Grundhaltung, die Sie ihm in solchen Momenten für sein weiteres Leben vermitteln. Und indem Sie Ihr Kind bewußt zum sorgfältigen Umgang mit seinen Sachen erziehen, steuern Sie dem heutigen Trend zur sogenannten „Wegwerfgesellschaft" wirksam entgegen.

Stellen Sie Ihrem Kind aber auch ausreichenden Stauraum für all seine Spielsachen zur Verfügung, denn Kinder haben ein Bedürfnis nach Ordnung! Gerade in den ersten drei Lebensjahren erleben sie Sinneseindrücke als isoliert nebeneinanderstehend. Sie zu einem sinnvollen Ganzen zu verknüpfen, das muß ein Kind erst langsam lernen. Es vergleicht, was es wahrnimmt, es stellt Paare zusammen, es findet Abstufungen – es *ordnet* seine Eindrücke also!

Maria Montessori stellte diesem Versuch des Kindes, eine innere Ordnung herzustellen, sein Bestreben nach einer äußeren gegenüber. Und tatsächlich werden Sie bald feststellen, daß auch Ihr Kind in seinen Sachen Ordnung liebt und hält. Natürlich versteht es darunter noch etwas ganz anderes als Sie, und es wird Ihren Perfektionsansprüchen sicher nicht gerecht. Trotzdem können Sie auch hier Ihr Kind sinnvoll unterstützen:

Wenn jedes Ding seinen bestimmten Platz hat, wenn nicht unüberschaubare, chaotische Mengen von Spielsachen das Kinderzimmer bevölkern, wenn kaputtes Spielzeug wieder repariert – also „in Ordnung gebracht" – wird, und wenn Sie zum Beispiel ein immer gleiches, lustiges Aufräumritual einführen. Dann nämlich bleibt der Aufforderungscharakter der Spielsachen erhalten. Gleichzeitig lernt Ihr Kind selbst für sie zu sorgen, sie bewußt „ordentlich" zu behandeln und sie nicht einfach achtlos, unsensibel und beziehungslos zu konsumieren!

Heut' war unser Kind nicht brav!
Unter seinen Siebensachen
wollte es nicht Ordnung machen!
Puppen liegen kreuz und quer,
ihre Bettchen stehen leer.
Kasperle liegt hinterm Kissen –
wird wohl heut'
hier schlafen müssen!
Und der Ball liegt auf der Bank,
Bilderbuch liegt unterm Schrank.
Nichts ist auf seinem Platz!
Ojeeee!

Überarbeitung Sylvia Horak

Ordnung halten – aber wie?

Damit diese Frage nicht unbeantwortet bleibt, hier nun zwei Vorschläge für ganz besondere Ordnungshalter.

Der Pyjamahase

Sie benötigen:
bunten Baumwollstoff (80 cm x 40 cm) für den Körper, Scheiben aus einfarbigem Frotteerest zuschneiden für 1 x Kopf (40 cm Ø), 4 x Ohren (15 x 8 cm), 2 x Pfoten (25 cm Ø), 2 Stücke Karton (à 15 x 8 cm), Stickgarn für Augen, Nase und Schnauze, weißen Filzrest für 2 Zähne, Besenhaare (Schnurrhaare), Schlaufe zum Aufhängen, Füllmaterial, diverses Nähmaterial.

So wird' s gemacht:

Den Stoff für den Körper nähen Sie sackförmig zusammen, lassen einen Einsteckschlitz offen und versäubern die Kanten. Nun die Kanten der Kopfscheibe **(1)** und der Pfotenscheiben **(2)** reihen, zu Beutelchen zusammenziehen, mit ausreichend Füllmaterial stopfen und zunähen. Die Ohrenteile **(3)** nähen Sie der Länge nach zusammen, lassen sie aber unten offen. Hier müssen Sie die beiden Kartonstücke einschieben. Danach vernähen Sie die Ohren und befestigen sie am Kopf. Dann ziehen Sie den Körpersack oben, etwa 5 cm vom Rand entfernt, mit Reihstichen zusammen, nähen Kopf und Pfoten an sowie die Aufhängeschlaufe. Zum Schluß sticken Sie ein Gesicht auf.

(1)

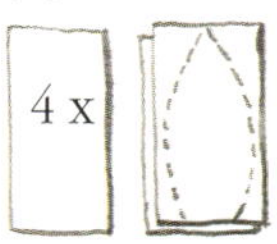

(2)

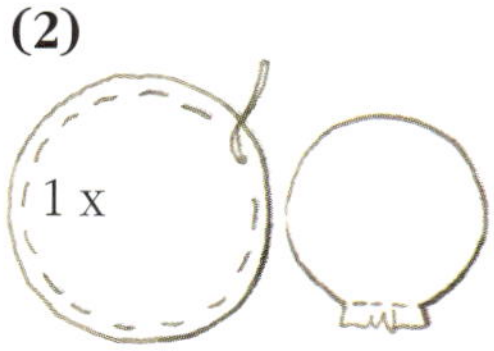

(3)

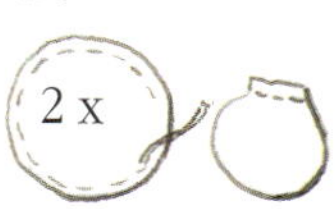

Der besondere Puppenwagen

Sie benötigen:

1 Stück einfarbigen Stoff für den Hintergrund (120 x 70 cm), 10 Schlaufen aus Stoff (10 x 5 cm), 2 Bambusstangen (120 cm lang), 1 Stück braunen Stoff (etwa 80 x 30 cm) für den Leiterwagen, Filzreste in Braun, Gelb, Schwarz, Grün, Rot

So wird's gemacht:

Säumen Sie den Stoff für den Hintergrund und nähen oben und unten an der Rückseite je fünf Aufhängeschlaufen an. Dann steppen Sie den Leiterwagenstoff auf, lassen ihn aber oben offen, und nähen drei Taschen ab. Jetzt werden aus den Filzresten eine braune Deichsel, schwarze Räder, bunte Blumen, die Sonne und das Gras aufgeklebt oder appliziert. Zum Schluß stecken Sie die Bambusstangen durch die Aufhängeschlaufen. Diesen „besonderen Platz" für Puppen und Kuscheltiere hängen Sie nun so auf, daß Ihr Kind ihn gut erreichen kann.

Ringa-ringa-reia, so geht's im Kreis herum

Auch am Ende des zweiten Lebensjahres spielt Ihr Kind noch immer am liebsten gemeinsam mit Ihnen oder aber allein. Selbst wenn es sich mit anderen Kindern zusammen in einer Sandkiste oder in einem Zimmer befindet, so sucht es kaum Kontakte. Es spielt noch mehr neben als mit den anderen!
Natürlich tauscht es schon einmal Spielzeug oder streitet darum. Dann und wann liebkost und umarmt es seine Freunde auch und fühlt sich in ihrer Gesellschaft wohl!
Dennoch herrscht das kontaktarme, parallele Spielen bei den bis zu Dreijährigen vor. Und das „Nun spiel schön mit den anderen" läßt sich nicht erzwingen. Trotzdem ist es für die Kinder wichtig, daß sie jetzt schon mit anderen spielen lernen.
Sie können bei Ihrem Kind die Entwicklung seiner sozialen Fähigkeiten fördern, und am besten eignen sich dazu all die vielen Anhänge- und Reigenspiele für die Allerkleinsten!

Erste Anhänge- und Reigenspiele

Die Melodien sind äußerst einfach und haben nur einen geringen Tonumfang. Sollten Sie die passenden Noten irgendwann einmal nicht zur Hand haben, dann improvisieren Sie ruhig mit einem banalen Singsang!
Hier nun zwei Vorschläge für Anhängespiele, die den Kleinen viel Spaß machen.

Eisenbahn von nah und fern

überliefert

(Bei diesem Anhängespiel fassen die Kinder einander an den Händen. Ein Erwachsener ist die Lokomotive. – Nun geht's in Windungen durch den Raum.)

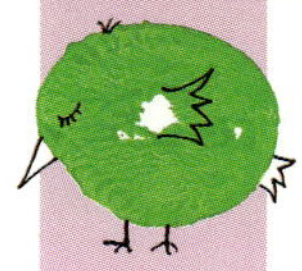

Schlußbemerkungen zum zweiten Lebensjahr

Gerade in diesem Jahr haben Sie feststellen können, daß Ihr Kind die „eben“ erlernte Sprache nicht nur verwendet, um sich anderen mitzuteilen, sondern daß es auch sehr viel und sehr ausdauernd mit sich selbst redet. Es kommentiert alles, was es tut und plant und es erzählt sich selbst lange, Ihnen oft sinnlos erscheinende Geschichten vor dem Schlafengehen oder nach dem Erwachen. Wenn es mit Gleichaltrigen in der Sandkiste sitzt, spielt jedes für sich und monologisiert, ohne den anderen zu beachten.
Dieses „laute Denken“, also das egozentrische, ichbezogene Sprechen dient nicht der Verständigung mit anderen, sondern es hilft dem Kind, Laute und Lautverbindungen einzuüben, seine Sprachfähigkeit zu festigen und seine Pläne zu ordnen, um diese in geordnete Handlungsabläufe umzusetzen.

Ihr Kind hat bis jetzt schon viel gelernt: Es trainierte seine Sinne sowie seine Grob- und Feinmotorik. Und nun, da das zweite Lebensjahr beendet ist, kann es bereits eine ganze Menge sprechen. Und was macht mehr Spaß, als dabei von Mutti und Vati in herzlicher Atmosphäre, mit vielen Spielen, Liedern und Gedichten unterstützt zu werden?

„Plaudertasche“ nennt mich Mutti,
weil den ganzen Tag ich red’,
doch wie sollt’ ich ohne üben,
lernen, wie das Reden geht?

„Plappermäulchen“ ruft der Vati,
„sag, wann steht dein Mündchen still?“
Kann doch gar nicht innehalten,
weil ich soviel wissen will!

Plaudertasche, Plappermäulchen,
ganz egal wie ihr mich nennt.
Ist doch toll, daß euer Sprößling
schon soooooo viele Wörter kennt!

Sylvia Horak

Die Kette für Henriette

Melodie und Text: Sylvia Horak

(Bei diesem Anhängespiel fassen die Kinder einander an den Händen an. Diese werden beim „Hurra“ gemeinsam hochgestreckt.)

ICH GEHE HINAUS IN DIE WEITE WELT

Das dritte Lebensjahr

Der Trotzkopf

Die Sätze: „Ich will (nicht)!“ und „Will selber machen!“ gewinnen nun im dritten Lebensjahr zunehmend an Bedeutung! Ihr Kind signalisiert Ihnen damit, daß es sein eigenes *Ich* entdeckt hat, also sich seines Selbst bewußt ist. Und es möchte dieses neue, tolle Gefühl des eigenen Wollens immer wieder auskosten. Dabei gerät es aber meist in Konflikt mit Ihnen: Oft durchkreuzt es Ihre Pläne, wirft die eingefahrene Alltagsroutine durcheinander oder setzt Sie in der Öffentlichkeit peinlichen Situationen aus.

Viele Eltern empfinden dieses „eigen-willige“ Verhalten Ihrer Kinder als Trotz, kämpfen verbissen gegen kindlichen Eigensinn an und hoffen, daß die gefürchtete, entwicklungsbedingte „Trotzphase“ möglichst bald vorbeigehen möge.

Entwicklungsbedingt ist aber nicht der Trotz des Kindes, sondern die Entdeckung seines Ichs, die sich nun im dritten Lebensjahr vollzieht. Ob Trotzreaktionen auftreten oder nicht hängt davon ab, wie Sie als Erwachsener auf die Selbständigkeitsbestrebungen Ihres Kindes reagieren!

Tips für die Trotzphase

- Gehen Sie auf die Wünsche Ihres Kindes nach Selbständigkeit ein, und zeigen Sie Ihre Freude über seine „Erfolge“, wenn es sich zum Beispiel selbst anzieht, allein ißt oder mit der Kinderschere schneidet.
- Seien Sie geduldig, und planen Sie ausreichend Zeit für die Versuche Ihres Kindes ein, wenn es zum Beispiel die Schuhe selbst anziehen will, Sie aber pünktlich fort müssen.
- Selbständiges Handeln kann auch mißlingen – man macht sich dabei schmutzig, oder etwas geht dabei kaputt. Entmutigen oder beschimpfen Sie Ihr Kind jetzt nicht („Ich hab's ja gewußt“), sondern beraten oder trösten Sie es.
- Ein ängstlich überbehütetes Kind lernt kein selbständiges, vom Erwachsenen unabhängiges Verhalten! Halten Sie Ihr Kind deshalb sozusagen „an der langen Leine“. Schützen Sie es vor Gefahren, aber lassen Sie ihm dennoch genügend Freiraum zum Erproben seiner Fähigkeiten!
- Die Trotzphase sollte kein Machtkampf sein! Brechen Sie (aus Angst vor Autoritätsverlust) daher nicht den Willen Ihres Kindes, sondern zeigen Sie durch Ihr Vorbild, daß jeder Willensfreiheit dort Grenzen gesetzt sind, wo die Interessen anderer beschnitten werden.
- Geben Sie Ihrem Kind Orientierungshilfen! Überlegen Sie genau, ob alle Ihre Gebote und Verbote wirklich sinnvoll sind. Wenn ja, seien Sie konsequent bei deren Einhaltung! Nur so prägt Ihr Kind sich ein, was es darf oder nicht darf, und nur so lernt es, zwischen Recht und Unrecht zu unterscheiden. Inkonsequente Nachgiebigkeit macht Ihr Kind zuerst ratlos und in der Folge zum raffinierten Haustyrannen.
- Reagieren Sie auf die Wutausbrüche Ihres Kindes möglichst ohne Ärger oder gar Ablehnung (= Liebesentzug). Es provoziert Sie nicht absichtlich, sondern es lernt ja erst zu erkennen und zu akzeptieren, daß auch seinem Willen Grenzen gesetzt sind!

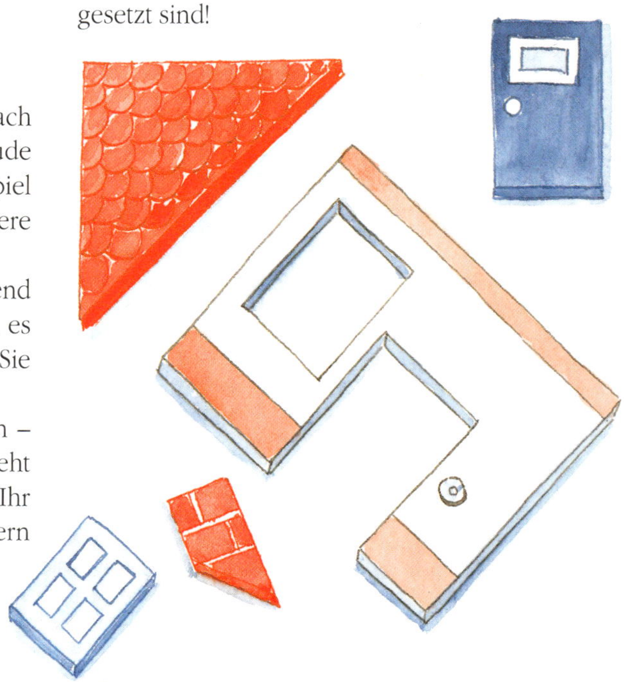

Schau genau

Auch die Allerjüngsten mögen schon gern mit farbenfrohen Puzzles spielen. Daß ein zweijähriges Kind aber noch kein 20-Teile-Puzzle zusammensetzen kann, sollte sich von selbst verstehen.
All die vielen Variationen von Formenwürfeln (siehe Seite 97) und von einfachen Einpaßbrettern (siehe Seite 68) sind Vorstufen der Puzzles; im Grunde geht es dabei immer um dasselbe:

- Details genau zu beobachten,
- verschiedene Formen und Farben unterscheiden zu lernen,
- sicheres Zuordnen zur passenden Negativform,
- Ausdauer und Konzentration zu schulen,
- allmählich die Fähigkeit zum räumlichen Denken zu verbessern.

Warum das so wichtig ist? Schon jetzt im Alltag und später in der Schule wird Ihr Kind ständig mit den verschiedensten Formen konfrontiert (Bausteine, Möbel, Buchstaben, Ziffern, Geometrie ...). Formenspiele in den unterschiedlichsten Variationen vertiefen und verfestigen die Formenkenntnis Ihres Kindes. Dadurch helfen Sie ihm, sich in seiner Umwelt besser zurechtzufinden!

Erste Puzzlespiele

Die Motive sollten so wie die eines ersten Bilderbuches sein, nämlich groß, klar und einfach, mit Bezug zum Kinderalltag. Nehmen Sie Kartonstücke, Farben und dicke Pinsel.
Es gibt mehrere Möglichkeiten, diese einfachen Puzzlebilder so zu zerschneiden, daß sie für Ihr Kind leicht zu legen sind:

- durch Längs-, Quer- oder Diagonalteilung,
- durch Abschneiden einer Ecke oder eines Seitenstreifens,
- durch Ausschneiden des ganzen Motivs (Hausform) und Zerschneiden desselben in Einzelteile.

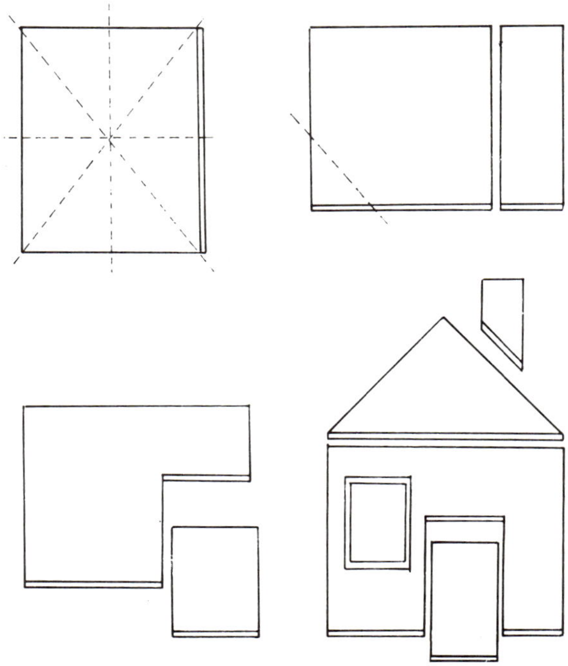

Das Schuhkartonpuzzle

Sie benötigen:
9 oder 12 gleich große Kinderschuhkartons, 1 Bogen weißes Packpapier, 1 breiten Pinsel, Plakat- oder Erdfarben, Klebstoff, Stanleymesser (umgangssprachlich: Teppichmesser).

So wird's gemacht:

- Stellen Sie die Schuhkartons – mit der Öffnung nach unten – zu einem Rechteck zusammen, und messen Sie die Seitenlängen ab. Dann schneiden Sie in genau dieser Größe das Packpapier zu und malen ein Motiv auf. Das könnte sein: eine Geburtstagstorte mit Kerzen und Päckchen drumherum, eine Frühlingswiese mit bunten Blümchen und „versteckten" Ostereiern, ein Igel im Herbstlaub mit aufgespießtem Apfel und Blättern, die Puppe Ihres Kindes mit „Originalgewand" oder ein geschmückter Weihnachtsbaum, unter dem Geschenke liegen.
- Zum Schluß kleben Sie den Bogen sorgfältig auf die Schuhkartons und schneiden die einzelnen „Puzzleteile" exakt entlang der Schachtelkanten auseinander.

Rot, Rot, Rot ist meine liebste Farbe

Schon vom ersten Moment seines Lebens an wird Ihr Kind mit Farben konfrontiert, und es reagiert auch sofort mit neugierigem Interesse auf sie, besonders auf Rot!

Für erste Farbenspiele eignen sich die Grundtöne Rot, Grün, Blau und Gelb. Darüber hinaus haben Untersuchungen mit Kindern gezeigt, daß diese sogar noch im Vorschulalter die einfachen klaren Töne den Mischfarben wie rosa, lila oder orange vorziehen.

Ihr Kind muß Farben erst einmal kennen- und unterscheiden lernen, also verschiedene farbige Gegenstände schon vom Sehen her sicher zuordnen können, bevor Sie ihm erklären, wie die Farben heißen. Da dies ein sehr mühevoller Lernvorgang ist, und sich sogar viel ältere Kinder mit den Farbbezeichnungen noch schwertun, ist es sinnvoll, zuerst nur mit dem Einüben einer Farbe zu beginnen, am besten mit Rot.

Erste Farbenspiele

- Bemalen Sie je eine Schachtel in Rot und in Grün. Legen Sie nun fünf rote und fünf grüne Bausteine auf den Tisch. Dann fordern Sie Ihr Kind auf, diese einzeln aufzunehmen und in die richtige Schachtel zu werfen.

- Steigern Sie dieses Spiel, indem Sie es um gelbe und blaue Kartons und um die passenden Bausteine erweitern.
- Geben Sie Ihrem Kind einen roten Gegenstand und einen Korb. Dahinein soll es nun alle ebenfalls roten Spielsachen für Sie „einkaufen". Das mühsame Zurücklegen an den Platz bleibt sicher Ihnen überlassen! Auch Ihr Kind beschäftigt sich sicherlich mit diesem Farbenspiel (später um andere Farben erweitert) über Wochen hinweg immer wieder begeistert und schult damit sein Farbdifferenzierungsvermögen auf vergnügliche Art.
- So wie die „Formenuhr" (siehe Seite 68) läßt sich auch eine mit Farben leicht selbst herstellen. Ihr Kind stellt dann den Zeiger (Geschicklichkeitsübung für die Finger) auf eine bestimmte Farbe, benennt sie und sammelt danach alles Mögliche in dieser Farbe in einem Korb.
- Stecken Sie verschiedene kleine Dinge in den Grundfarben (Büroklammern mit Kunststoffüberzug, Holzkugeln, Pinnadeln, Knöpfe, Würfel, Spielfiguren …) in „Flachmannflaschen". Füllen Sie diese mit Wasser oder Speiseöl, und verkleben Sie den Verschluß mit Sekundenklebstoff. Die in der Flüssigkeit schwebenden bunten Dinge zu beobachten fasziniert übrigens auch schon die Allerkleinsten.
- Besorgen Sie sich einen kleinen Restposten an Mosaiksteinen in den Grundfarben. Wenn Sie nun eine leicht überstehende Leiste an die Kante eines Holzbrettes nageln, hat Ihr Kind ein reizvolles Mosaiklegespiel, mit dem es sich viel und ausdauernd beschäftigen wird!
- Ihr fast dreijähriges Kind kann jetzt schon recht gut zwischen Scherz und Ernst unterscheiden. Machen Sie sich beiden doch einmal den Spaß, und feiern Sie einen „roten" (grünen, gelben, blauen) Tag. In der Frühe stellen Sie gemeinsam rote Kleidungsstücke zusammen. Während des Tages essen Sie bewußt rote Nahrungsmittel (rote Marmelade, rote Äpfel, Rotkraut, rote Paprika) und trinken rote Säfte und Tees. Nehmen Sie ein „rotes Schaumbad" im mit Lebensmittelfarbe gefärbten Badewasser! Sie und Ihr Kind malen mit roten Fingerfarben ein Riesenbild und spielen einige der beschriebenen „Rot-Sammelspiele". Abends überraschen Sie Ihren heimkehrenden Partner mit roten Falthüten und rotbetupften Nasen!

Rot, Rot, Rot

überarbeitet von Sylvia Horak

(In möglichen weiteren Strophen wird jeweils eine andere Farbe besungen.)

- Schneiden Sie aus Tonpapier in Rot, Grün, Gelb, Blau, Schwarz und Weiß je eine Scheibe im Durchmesser von 40 cm als Farbinsel aus. Besorgen Sie sich einen ausreichend großen Styroporrest, und sägen Sie einen großen Würfel aus. Dann bekleben Sie seine Flächen mit Tonpapier in den erwähnten Farben.

Die Farbinseln werden auf dem Boden verteilt. Zeigen Sie Ihrem Kind nun, wie man würfelt. Bei Grün sucht es die grüne Insel und darf sich draufstellen. Sie reichen ihm wieder den Würfel, hat es Rot, wechselt es zur passenden Insel…

- Falten Sie einen roten Papierhut, oder organisieren Sie einen roten Hut. Nun wird abwechselnd mit dem großen Farbwürfel gewürfelt. Wer Rot hat, darf sich den Hut aufsetzen und ihn so lange aufbehalten, bis ein anderer Rot würfelt und ihn bekommt.

Kleinkinder finden dieses Spiel ungemein lustig, und sie lernen dabei auch mal das „Ich bin dran – du bist dran“ kennen.

- Legen Sie bunte Fädelperlen und den Farbwürfel bereit. Sie würfeln nun, und Ihr Kind fädelt die Perlen in der entsprechenden Farbreihenfolge auf. Dann tauschen Sie nach einigen Perlen die Rollen, und Ihr Kind würfelt jetzt. Das Spiel ist beendet, wenn alle Perlen aufgefädelt sind oder Sie beide keine Lust mehr haben.
- Bereiten Sie für alle Mitspieler (Opa, Oma, Bruder, Schwester, Papa und Mama) je ein rotes, gelbes, grünes, blaues, weißes und schwarzes Band als Halsketten vor, sowie Wäscheklammern aus Holz, die Sie entsprechend bemalen und in einen Korb legen. Fordern Sie Ihr Kind nun auf, die Klammern nach und nach herauszunehmen und an die farblich passende Halskette zu klemmen. Bewundern Sie den Halsschmuck mit Worten und Gesten. Zur allgemeinen Erheiterung könnten Sie von allen ein prächtiges Erinnerungsfoto machen!

Gleich und gleich gesellt sich gern

Gegen Ende des dritten Lebensjahres interessiert sich vermutlich auch Ihr Kind schon für erste Brettspiele. Bunte Bildplatten und -plättchen, Würfeln, Spielsteine und -männchen faszinieren es. Es wird sie zu Beginn – wie alle seine bisherigen Spielsachen auch – noch zweckentfremdet verwenden und noch lange Zeit ohne oder nach selbsterdachten Regeln spielen. Für echte Regelspiele ist es frühestens im vierten Lebensjahr reif!

Bisher hat Ihr Kind das Zuordnen von Gegenstand zu Gegenstand und dann von Gegenstand zu Bild geübt. Jetzt, da es beides beherrscht, können Sie zur Bild-zu-Bild-Zuordnung übergehen. Dafür bietet sich folgendes Spiel an, das ich für meine Tochter bastelte, als sie zweieinhalb Jahre alt war.

Erste Brettspiele

- Sammeln Sie für ein Knopfdomino 30 Knöpfe, von denen immer zwei gleich sind, und nähen Sie sie auf 15 „Dominosteine“ aus starkem Karton. Zeigen Sie Ihrem Kind nun, wie man diese Steine nach und nach so aneinanderreiht, daß immer zwei gleiche Knöpfe beisammenliegen. Ist es mit dem Spiel schon vertraut, dann legen Sie beide abwechselnd die Steine an.

Dieses erste „Brettspiel“ gewöhnt Ihr Kind allmählich an ein Spielen am Tisch. Außerdem stellt es einen Übergang zu ersten Regelspielen dar, die dem Prinzip „Ich-du-ich-du“ folgen.

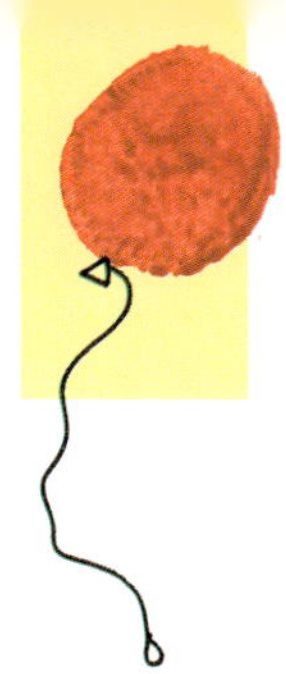

● Nehmen Sie zwei gleiche Spielzeugprospekte. Blättern Sie sie gemeinsam mit Ihrem Kind durch, und beobachten Sie, wie es sich freut, wenn es einiges aus seinem Besitz wiedererkennt. Schnei-

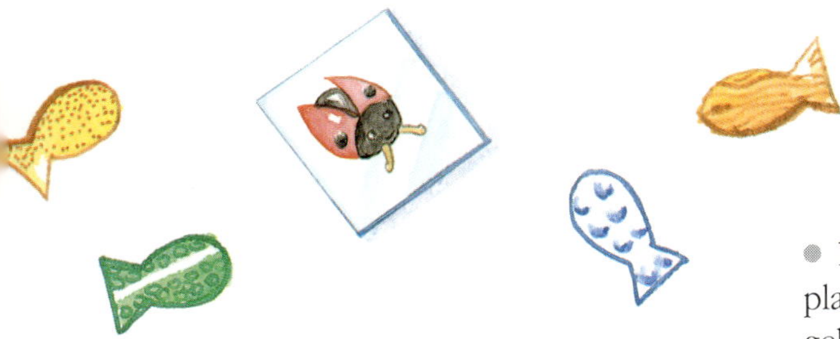

den Sie genau diese Bilder als Pärchen aus beiden Prospekten aus. Dann kleben Sie sie auf quadratische Kartonstücke.

Spielen Sie erst einmal mit nur zwei bis drei Bilderpaaren. Legen Sie die eine Hälfte auf den Tisch, die andere halten Sie in der Hand. Dann geben Sie Ihrem Kind nacheinander je eines der Bilder und bitten es, diese zu den passenden (auf den Tisch) zu legen. Sobald es die Bildpaare auf Anhieb zuordnen kann, erweitern Sie das Spiel um weitere Paare.

Das richtige Memoryspiel – also sich verdeckt liegende Karten merken – ist allerdings noch zu schwierig und muß daher noch etwas warten!

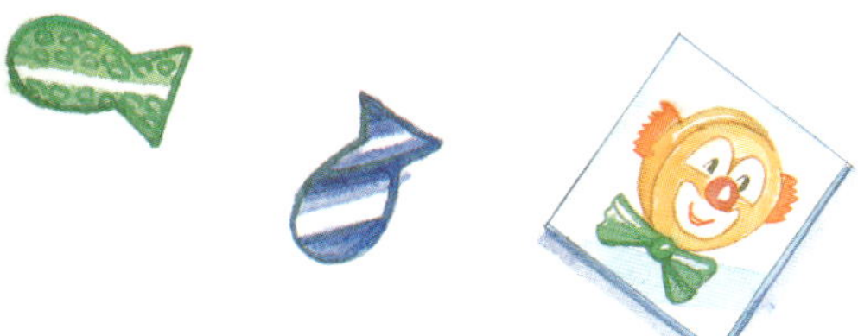

● Eine Weiterführung des Bildersuchspiels stellt das Bilderlotto dar. Schneiden Sie dazu aus zwei gleichen Katalogen wiederum Paare aus. Kleben Sie diesmal aber nur immer eines der zueinandergehörenden Bilder auf ein Stück Karton, das andere in einen Raster auf einer Kartonplatte. Jetzt legt Ihr Kind zwei gleiche Bilder aufeinander. Das Suchen, Zuordnen und Auflegen des jeweils identischen Bildes – womöglich schon bald ohne Hilfe – ist anfangs gar nicht so leicht.

● Basteln Sie auch einmal ein Tastlotto. Die Bildplatte ist ein blaubemaltes Aquarium, in dem aufgeklebte Tastfische schwimmen (aus Leder, Vlies, Schleifpapier, Aluminiumfolie, genoppter Verpakkungsfolie, Holzfurnier, Strickstoff …). Zu jedem gibt es einen passenden zweiten Fisch, der nun auf den richtigen im Aquarium gelegt werden soll.

● Als Lotto könnte man auch das folgende Hör-Spiel bezeichnen. Sammeln Sie zehn Dosen mit Deckel, und füllen Sie je zwei mit demselben Inhalt (kleine Nägel, Streichhölzer, Zwetschgen- oder Kirschkerne, getrocknete Hülsenfrüchte, Kristallzucker …). Fordern Sie Ihr Kind auf, gut hinzuhören und die jeweils gleich klingenden Dosen nebeneinanderzustellen.

Eins, zwei, drei, vier – auf dem Klavier

„Viel" und „wenig" sind die Kategorien, nach denen die Allerjüngsten Mengen beurteilen, so auch meine Tochter, als sie einmal so treffend sagte; „Gell, Mutti, ich habe das Vielstere?" Aus der Erfahrung mit Paaren wie Hände, Füße, Strümpfe oder Handschuhe erfaßt aber schon das zweieinhalb bis dreijährige Kind die Zweiergruppe auf einen Blick.

Wenn Ihr Kind nun bald mit dem Zählen beginnt, so sollten Sie aber immer wieder prüfen, ob es die Zahlenreihe nicht nur auswendig heruntersagt, sondern ob es den Zusammenhang zwischen Menge und Zahl tatsächlich verstanden hat!

Erste Zahlenspiele

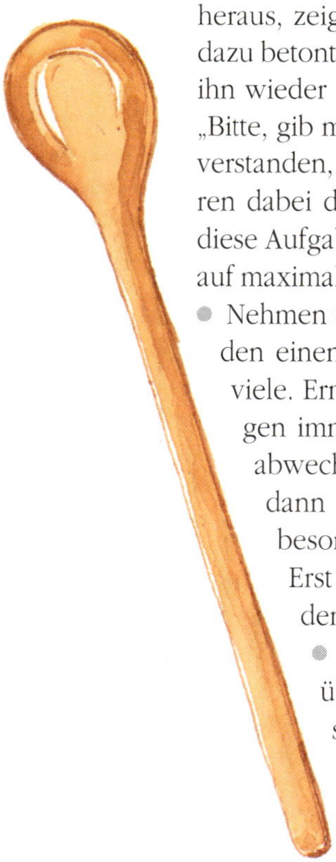

- Nehmen Sie aus der Bausteinekiste *einen* Klotz heraus, zeigen Sie ihn Ihrem Kind und sagen Sie dazu betont: „Das ist *ein* Baustein!" Dann legen Sie ihn wieder zurück. Nun fordern Sie Ihr Kind auf: „Bitte, gib mir *einen* Stein." Hat es Sie nicht gleich verstanden, so wiederholen Sie den Satz und führen dabei die Hand Ihres Kleinen. Beherrscht es diese Aufgabe dann sicher, so erweitern Sie sie bis auf maximal drei Steine – das genügt vorerst!
- Nehmen Sie zwei Schachteldeckel. Legen Sie in den einen nur einen Baustein, in den anderen viele. Ermuntern Sie Ihr Kind, die beiden Mengen immer wieder zu vergleichen, indem Sie abwechselnd auf den einzelnen Stein zeigen, dann auf die große Menge. Betonen Sie besonders die Bezeichnung eins und viele. Erst wenn es diesen Unterschied verstanden hat, gehen Sie zur Menge „zwei" über!
- Nutzen Sie den Wunsch Ihres Kindes, überall mit zu helfen und selbst tätig zu sein. Beziehen Sie es in Ihre Hausarbeit ein, denn dabei ergeben sich viele Gelegenheiten zum Zählen von Einer-, Zweier- und Dreiermengen. Fordern Sie Ihr Kind auf, Ihnen zum Beispiel *einen* Kochlöffel, *zwei* Kekse, *drei* Waschlappen zu geben; bitten Sie es, beim Tischdecken zu helfen und für jeden von Ihnen *einen* Teller, *einen* Löffel und *eine* Serviette aufzulegen. Ermuntern Sie es bei diesen Spielen immer wieder dazu, die Zahlenmenge selbst zu sprechen.

Finger- und Zehenspiel

Alle Familienmitglieder (Hund inklusive) stellen – in einer lustigen Aktion – Hand- und Fußabdrücke auf einen großen Bogen Packpapier her. Hängen Sie dieses „Werk" an die Wand, und fordern Sie Ihr Kind öfter am Tag auf, die abgedruckten Finger und Zehen der einzelnen Personen abzuzählen! Kommt Besuch, so wird auch diesem die Finger- und Zehensammlung vorgeführt und vorgezählt, damit Ihr Kind das Zählen immer wieder und anschaulich üben kann.

Eins, zwei, drei, vier,
auf dem Klavier
sitzt eine Maus,
die Geschichte ist aus!

Würfelspiel

- Sägen Sie drei gleich große Styroporwürfel aus, und bekleben Sie die Seiten mit hellem Tonpapier. Bemalen Sie diese Flächen zum Beispiel so:
- zwei Würfel identisch, mit je 3 x 1 Apfel und 3 x 2 Äpfeln
- ein Würfel mit 1 x 1 Ball, 1 x 2 Bällen
  1 x 1 Hut
  1 x 2 Hüte
  1 x 1 Karotte
  1 x 2 Karotten.

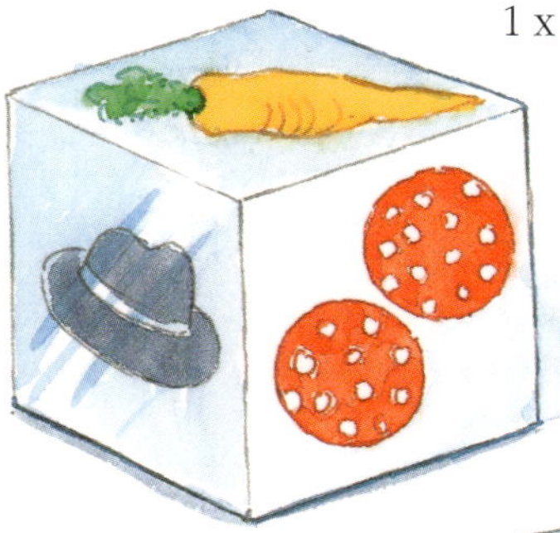

Spiel 1:
Es werden nur die beiden Apfelwürfel verwendet: Sie würfeln mit einem, und Ihr Kind sucht auf dem zweiten das passende Bild und legt es neben Ihren Würfel. Vergleichen und benennen Sie gemeinsam, was Sie sehen. Nun würfelt Ihr Kind, und Sie suchen das Bild.

Spiel 2:
Benutzen Sie zwei verschiedene Würfel. Da die Bilder nun nicht mehr gleich sind, muß Ihr Kind noch genauer beobachten, um die richtige Menge herauszufinden.

Das Apfelbaumspiel:

Sie benötigen:
1 Sperrholzplatte (etwa 25 x 40 cm), Deckfarben, Klarlack (wasserlöslich), Pinsel, 1 kleinen Korb, 10 rote Holzperlen (Äpfel etwa 1,5 cm Ø), Streichhölzer, Klebstoff, 1 Apfelwürfel, Holzbohrer: 1 cm Ø.

So wird's gemacht:
Malen Sie auf die Holzplatte einen Laubbaum, und bohren Sie für die „Holzperlenäpfel" zehn Löcher ins Laub. Geben Sie dem Spiel einen Schutzanstrich aus Klarlack. Brechen Sie kleine „Stengel" von den Streichhölzern ab, und kleben Sie sie in den Perlenlöchern fest.

So wird gespielt:
- Legen Sie alle Äpfel in die Löcher, und nehmen Sie den Apfelwürfel. Betonen Sie: „Auf dem Baum sind *viele* Äpfel, die du abpflücken darfst." Ihr Kind würfelt und nimmt immer die entsprechende Anzahl, die es benennen soll. Die Äpfel legt es dann in den Korb.

Warum, warum ist die Banane krumm?

Ein- bis Zweijährige drücken das, was sie mitteilen möchten, zuerst in sogenannten *Einwortsätzen* aus: „ham" = das will ich gerne haben, „bota" = bitte ein Stück Brot, „ku" = eine Kuh, „tag" = guten Tag, Frau Nachbarin.
Etwa ab dem zweiten Geburtstag verbindet Ihr Kind dann jeweils zwei oder drei Wörter zu recht gut verständlichen Sätzen und sagt zum Beispiel „Ofen bum", wenn's im Kamin kracht, oder „Gutes zum Burstag" als Geburtstagsgratulation.
Da der Wortschatz Ihres Kindes aber erst allmählich größer wird, kennt es noch nicht die richtige Bezeichnung, und seine Kommentare sind oftmals sehr drollig. Eine solche kleine Episode wird mir immer in Erinnerung bleiben: Als meine Tochter in das von mir liebevoll mit Faschingsgirlanden geschmückte Zimmer kam, rief sie ganz entzückt: „Mama, sau, Kopapier!"

Das „Was-Fragealter"

Verfügt Ihr Kind mit etwa eineinhalb Jahren über einen aktiven Wortschatz von etwa 25 Wörtern, so kennt es mit zwei Jahren bereits 250, und um den dritten Geburtstag herum werden es bereits an die 1000 sein! Mit Ihrer Hilfe entwickelt sich die Sprache Ihres Kindes nun rasant, und seine Weiterentwicklung erreicht gegen Ende des dritten Lebensjahres ihren Höhepunkt im „Was-Fragealter".
Wenn Sie Ihr Kind in dieser Zeit sehr feinfühlig und gezielt beobachten, dann spüren Sie bald, daß hinter all dem „Was?, Warum?, Wieso?" noch etwas ganz anderes stecken muß – und Sie haben Recht. Die vielen an Sie gerichteten Fragen dienen nämlich tatsächlich nicht ausschließlich der Wortschatz- oder der Wissenserweiterung. Sie ermöglichen Ihrem Kind auch den für seine emotionale Stabilität so wichtigen Schluß: „Mutti hört mir geduldig zu, Vati beschäftigt sich unermüdlich mit mir, also bin ich für beide sehr wichtig, sie haben mich lieb!"
Dieses typische – für Sie aber oft sehr anstrengende – Frageverhalten im Kleinkindalter hat also eine Doppelfunktion: die des *Sprechenlernens* und die der *Kontaktsicherung*. Da beides – eine gute Ausdrucksfähigkeit und das Gefühl der Geborgenheit – für die positive Entwicklung eines Kindes so wichtig ist, sollten Sie auf die unzähligen Fragen und auf das ständige „Rückmeldebedürfnis" mit Geduld reagieren und bewußt darauf eingehen!

Die ersten Lieder zum Mitsingen

Ihr Kind entwickelt nun ein geradezu pedantisches Übungsbedürfnis, und Märchen, Gedichte, Geschichten und Fingerspiele müssen bei jeder Wiederholung immer denselben Wortlaut haben. Wenn nicht, wird er energisch von Ihrem Kind eingefordert!
Besonders das Singen macht ihm jetzt große Freude, und weil die rhythmische Melodie eines Liedes hilft, sich einen Text besser und schneller zu merken, sollten Sie die Sprechfreudigkeit jetzt durch viele, ganz einfache Lieder anregen.

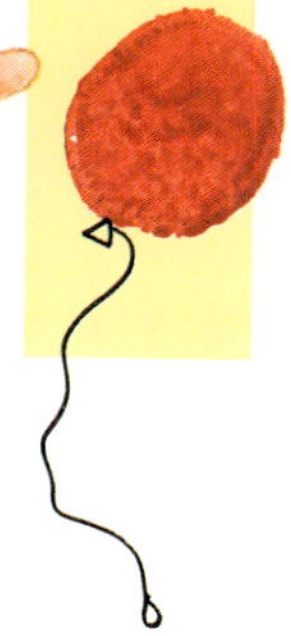

Kannst du sagen Papagei?

überliefert

2. Kannst du sagen „Eisenbahn“?
   Kannst du sagen „Gockelhahn“?
   Oh, wie bist du,
   oh, wie bist du tüchtig.

3. Kannst du sagen „roter Schuh“?
   Kannst du sagen „bunte Kuh“?
   Oh, wie bist du,
   oh, wie bist du tüchtig.

4. Kannst du sagen „Krokodil“?
   Kannst du sagen „Besenstiel“?
   Oh, wie bist du,
   oh, wie bist du tüchtig.

5. Kannst du sagen „Jelena“?
   Kannst du sagen „Jessica“?
   Oh, wie bist du,
   oh, wie bist du tüchtig.
   (Oder andere Namen)

(Dieses Lied läßt sich um beliebig viele Reimstrophen verlängern.)

Was ich gerne wär!

überliefert

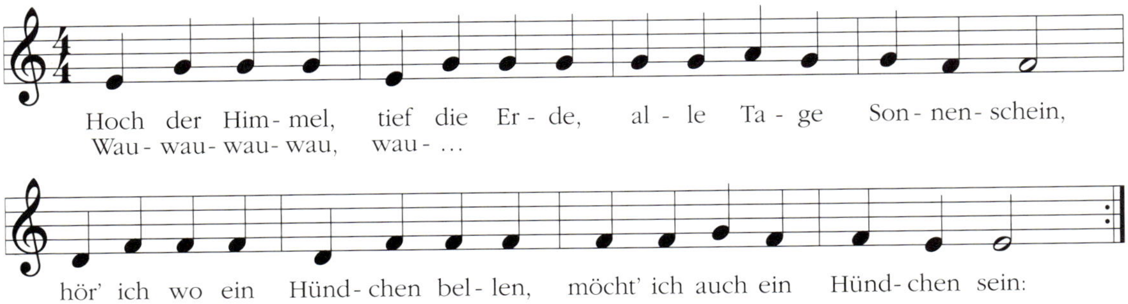

(Bei jeder weiteren Strophe wird statt „Hündchen" ein anderes Tier eingesetzt. Zum Beispiel: „Kätzchen schreien – miau, miau", „Lämmchen blöken – mäh, mäh", „Vöglein singen – piep, piep".)

Liebe, liebe Sonne

überliefert

(Gesprochen)
Einer schließt den Himmel auf,
da kommt die liebe Sonne raus!

Der Weihnachtsbaum

überliefert

Herbstlied

überliefert

(Bewegungen: bei „Blätterfall“ die Hände mit zappelnden Fingern von oben nach unten senken, bei „Raschel, raschel“ gebückt, die Finger am Boden entlangkrabbeln.)

Der rote Falter

überliefert

Mobiles – immer ein Grund zum Plaudern

Mobiles sind nicht nur Anschauobjekte und ein hübscher Raumschmuck, sondern man kann auch herrlich über sie plaudern, wenn man sie zu bestimmten Themen, Jahreszeiten oder zu den traditionellen Festen anfertigt (zum Beispiel Tiere, Fahrzeuge, Reise, Herbst, Weihnachten, Fasching, Ostern ...).
Hängen Sie neue Mobiles nicht einfach wortlos auf, sondern nehmen Sie sie immer wieder zum Anlaß, mit Ihrem Kind darüber zu reden! Singen Sie ihm zum „Mobilethema" passende Lieder vor oder sagen Sie ein Gedicht auf. Lassen Sie dabei Ihr Kind das bewegliche Wunderwerk in Ruhe auch von ganz nah anschauen. Oder nehmen Sie Ihr Kind auf den Schoß, und zeigen Sie ihm – mit einem Hinweis auf das Mobile – ein entsprechendes Fingerspiel.

Der rote Faden

Die folgenden Beispiele sollen Ihnen zeigen, wie sich ein Mobilethema wie ein roter Faden durch die Beschäftigung mit Ihrem Kind ziehen kann. Und weil es all diese Fingerspiele, Lieder und Gedichte noch bis ins Schulalter hinein liebt, und Sie sie häufig wiederholen müssen, sollten Sie jetzt schon so viele verschiedene wie möglich auswendig können.

Erntezeit

Mobile

Basteln Sie „Steckobst" aus je zwei gleich großen Tonpapierfrüchten, die Sie mit Schlitzen miteinander verbinden. Blätter und Stengel kleben Sie extra an die Früchte. Zum Schluß hängen Sie Äpfel, Birnen, Pfirsiche, Zwetschgen und Trauben einzeln an Fäden auf.

Spaziergang

Gehen Sie zur Apfelernte in einen Garten, oder schauen Sie sich auf dem Markt Obststände an.

Fingerspiel

Fünf Finger stehen hier und fragen:
„Wer kann diesen Apfel tragen?"
Der erste Finger kann es nicht,
der zweite sagt: „Zuviel Gewicht!",
der dritte kann ihn auch nicht heben,
der vierte schafft es nie im Leben!
Der fünfte aber spricht:
„Ganz allein? – So geht das nicht!"
Gemeinsam heben kurz darauf
fünf Finger diesen Apfel auf!

(Einen Apfel auf den Tisch legen, mit den Fingern einer Hand wackeln. Den ersten bis fünften Finger nacheinander den Apfel berühren lassen, der fünfte „schüttelt den Kopf". Alle Finger umschließen den Apfel und reichen ihn dem Kind.)

Kochen

Stellen Sie mit (Schneide-)Hilfe Ihres Kindes Apfelkompott, Apfelstrudel oder Apfelkuchen her.

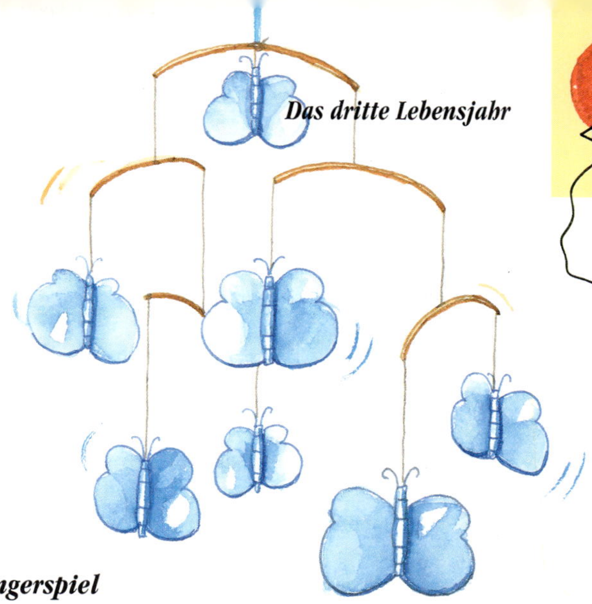

Raupe und Schmetterling

Mobile

Raupenmobile

Schneiden Sie grüne Tonpapierblätter aus, die so groß wie der Handteller Ihres Kindes sind. Bekleben Sie sie mit Hexentreppen-Raupen, denen Sie ein rundes Köpfchen und Fühler ankleben. Hängen Sie jedes Blatt einzeln auf.

Schmetterlingsmobile

Schneiden Sie aus Zeitschriftenpapier spitz zulaufende „Zungen" aus. Rollen Sie sie über einem Bleistift, und kleben Sie sie zum Körper zusammen. Die Flügel fertigen Sie aus dem gleichen Papier. Wölben Sie sie ein wenig, bevor Sie sie ankleben. Dann hängen Sie die Schmetterlinge einzeln auf.

Spaziergang

Suchen Sie gemeinsam in der Natur nach Raupen (Lupe mitnehmen!) und Schmetterlingen. Wer findet mehr? Erzählen Sie Ihrem Kind auf einfachste und anschauliche Art von der Metamorphose dieser Tiere.

Fingerspiel

Aus einem Apfel, oh wie nett,
da guckt 'ne Raupe, dick und fett!
(Linke Hand bildet eine Faust, aus der der rechte Zeigefinger hervorguckt.)

Sie frißt ein Blatt
und noch ein Blatt,
bis sie sich sattgefressen hat.
(Rechter Zeigefinger „frißt" auf der linken Handfläche einen Finger nach dem anderen weg.)

Und ist der Sommer dann vorbei,
dann schläft sie bis zum nächsten Mai!
(Rechter Zeigefinger kriecht in die linke Faust.)

Chhhhh-chhhhh-chhhhh- …
(Leise schnarchen.)

Ganz langsam kriecht sie nun heraus
aus ihrem Raupen-puppen-haus.
(Rechter Zeigefinger kriecht aus der linken Faust, und beide Daumen liegen nebeneinander.)

„So seht", ruft sie,
„wie ich da drin'
zum Schmetterling geworden bin!"
und breitet ihre Flügel aus,
und fliegt jetzt
in die Welt hinaus.
(Die anderen Finger „fliegen" nun davon.)

Sylvia Horak

Katze und Mäuse

Mobile

Katze

Fertigen Sie aus weißem Tonpapier eine Tüte an. Fixieren Sie an der Spitze einen weißen Papiermachékopf mit aufgeklebtem Gesicht mit Ohren. Dann befestigen Sie noch einen Schwanz aus weißem Tonpapier.

Mäuse

Stellen Sie den Tütenkörper und die Ohren aus grauem Tonpapier her, das Schwänzchen aus Wolle. Die Barthaare von Katze und Mäusen aus Besenhaaren. Das Käsestück besteht aus einem gelben Schwamm. Alles einzeln aufhängen.

Katz' und Maus, Katz' und Maus,
schau, wie sie sich jagen!
Katz' und Maus, Katz' und Maus,
sollten sich vertragen!
Katz' und Maus, Katz' und Maus,
spielen gern Versteck,
Katz' und Maus, Katz' und Maus,
sind auf einmal – weg!

Sylvia Horak

Fingerspiele

Alle meine Fingerlein
wollen einmal Kätzchen sein!
Das ist der Peter,
der dicke Kater –
von morgens bis abends
Hunger hat er!
Dieses ist neugierig,
will alles sehn,
will deshalb auch
in die Welt hinausgehn!
Unsere Minka –
die größte der Katzen –
schleicht so – man hört es kaum –
auf weichen Tatzen!
Murrli mit Halsband,
ei, der ist gar eitel!
Putzt sich stets fleißig
vom Schwanz bis zum Scheitel!
Binki, das kleinste –
ich hör es genau –
macht immer leise nur
„Miau-miau".
So springen sie alle
durch Garten und Haus,
und manchmal fängt eines
von ihnen 'ne Maus!
Doch wenn ich sie rufe,
sind alle schnell da –
da gibt's für sie Milch,
und das wissen sie ja!
Nun legen sie sich schnurrend
zu mir auf die Decke,
bis ich sie am nächsten Tag
wieder aufwecke:
Guten Morgen, liebe Kätzchen!

Sylvia Horak

Lieder

„Bim-bam, Katz' ist krank" und „Bim-bam-bommel" bereiten Ihrem Kind sicherlich sehr viel Vergnügen.

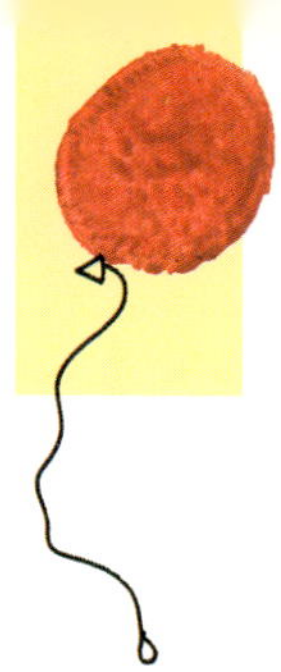

Bim-bam, Katz' ist krank

überliefert

(Zwei Erwachsene schwingen das Kind in einer Decke hin und her oder halten es beim „läuten" an Händen und Füßen gut fest. Bei „Muh" „fliegt" das Kind hoch.)

Bim-bam-bommel

überliefert

(Im Rhythmus klatschen, abwechselnd links und rechts patschen und links und rechts stampfen.)

Fahrzeuge

Mobile

Basteln Sie aus kleinen Schachteln (Seife, Käse …) und aus Klorollen verschiedene Fahrzeuge. Lassen Sie diese vom Kind mit Fingerfarben bemalen, und hängen Sie sie einzeln an Fäden auf.

Spaziergang

Gehen Sie zu einer belebten Kreuzung, und beobachten Sie: wie viele Räder die verschiedenen Fahrzeuge haben, welche Geräusche sie machen. Wozu ist der Zebrastreifen da, und wozu die Ampel? Wie verhalten sich die anderen Verkehrsteilnehmer, wie ist es richtig?

Gedicht

Bei Rot da steh',
bei Grün da geh',
bei Gelb gib acht –
so wird's gemacht!

Fingerspiel

Das ist der große Autobus,
der viele Menschen fahren muß.
Die Eisenbahn kommt hinterdrein
befördert Leute, groß und klein.
Das Flugzeug fliegt stets auf und nieder
und landet dann am Boden wieder.

(Zuerst die Finger einzeln herzeigen und fahren oder fliegen lassen.)

Das Auto, das macht „Töff, töff, tuuut!
Ich bin sehr schnell, seid auf der Hut!"
Das Fahrrad, das rollt hinterdrein,
zwei Räder hat's nur, doch ist's mein!
Sie fahren, brummen, fliegen, rollen,
weil sie uns ja befördern sollen.

(Alle Finger krabbeln gleichzeitig auf dem Tisch herum.)

Kling-kling, tuut-tuut, töff-töff, brumm-brumm!
So fahrn sie in der Welt herum.
Am Abend geht's wieder nach Haus',
jetzt ruhn sie sich vom Fahren aus!

(Dann fahren alle in die „Garage", unter die Achsel.)

Sylvia Horak

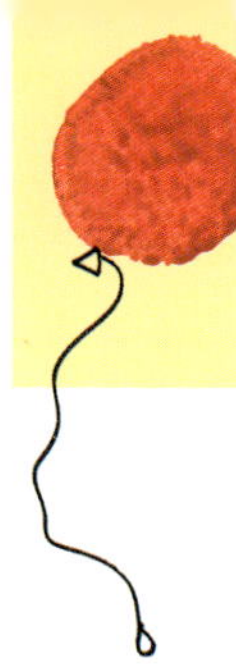

Uhren

Mobile

Fertigen Sie einen Wecker aus einer bemalten oder mit Tonpapier beklebten Käseschachtel. Dann kleben Sie Füße aus farbigen Holzkugeln und eine Klingel aus einem halbierten, gelb bemalten Tischtennisball an.

Spaziergang

Gehen Sie in die Uhrenabteilung eines Kaufhauses und beobachten Sie gemeinsam mit Ihrem Kind welche Uhren es gibt. Hören Sie, wie Sie ticken.

Wenn möglich, lassen Sie sich vorführen, wie Pendeluhren schlagen! Machen Sie die Pendelbewegungen mit Ihren Körpern nach! Vielleicht gibt es auch eine Kuckucksuhr zum Bestaunen. Beobachten Sie eine Kirchturmuhr, und warten Sie auf ihren Schlag!

Spiel

Verstecken Sie einen laut tickenden Wecker im Zimmer, den Ihr Kind suchen soll.

Lied

„Tick tack tick" läßt sich auch sehr schön als Gedicht vortragen.

Tick-tack-tick

Melodie und Text: Sylvia Horak

Die Zeit – was ist das?

Kleinkinder haben nur eine verschwommene Vorstellung davon, was „Zeit“ ist, denn die typisch menschliche Fähigkeit, in Vergangenheit, Gegenwart und Zukunft zu leben, entwickelt sich erst relativ spät. Ihr Allerkleinstes lebt im Hier und Jetzt, und wenn es spielt, dann tut es das noch, ohne auf längere Sicht zu planen.

Die ersten Ansätze zu einem Zeitverständnis ergeben sich aus Erfahrung mit dem Tagesablauf, und weil die Neugier auf das, was kommen wird, von großem Interesse für Ihr Kind ist, erfaßt es den Begriff „morgen“ schneller als das Wort „gestern“.

Zeitspiele

Bringen Sie Ihrem Kind die Zeit in spielerischer Form nahe, und setzen Sie dabei genau dort an, wo es den meisten Bezug dazu hat: bei seinem Tagesablauf.

- Fragt Ihr zweieinhalbjähriges Kind ungeduldig immer wieder „Wann kommt Papa?“, dann helfen Sie ihm ein bißchen beim Warten! Nehmen Sie zum Beispiel die Küchenuhr von der Wand, und drehen Sie die Zeiger weiter. Dabei lassen Sie Ihr Kind beobachten, wie sie immer im Kreis wandern. Stellen Sie danach die Uhr wieder richtig ein. Nun kleben Sie auf den kleinen Zeiger eine Hand mit ausgestrecktem Zeigefinger. Über der Zeit zu der Ihr Partner nach Hause kommt, bringen Sie ein Stück rotes Klebeband an. Verfolgen Sie nun gemeinsam in Abständen die Vorwärtsbewegung des Zeigefingers. So merkt Ihr Kind erstmals bewußt, wie Zeit vergeht und daß man das auch „anzeigen“ kann! Ist der Finger dann beim roten Streifen angekommen, dann ist der Papa da!
- Schenken Sie Ihrem Kind eine selbstgemachte Uhr mit aufgeklebten Symbolbildern, und stellen Sie den Zeiger konsequent über längere Zeit jeweils dreimal am Tag ein: beim Aufstehen, beim Mittagessen und vorm Schlafengehen. Wenn Sie dazu immer dieselben Gedichte (Lieder) sprechen, wird Ihr Kind bald einen gefühlsmäßigen Bezug zum abstrakten Wort „Zeit“ bekommen!

- Tag und Nacht: Malen Sie auf eine große weiße Kartonplatte Sonne und Mond. Schneiden Sie jetzt mehrere Kartonquadrate zu. Auf je zwei zeichnen Sie ein und denselben Gegenstand und zwar einmal als Tages- und einmal als Nachtbild. So ist ein Zuordnungsspiel entstanden, bei dem viel gesprochen werden sollte.

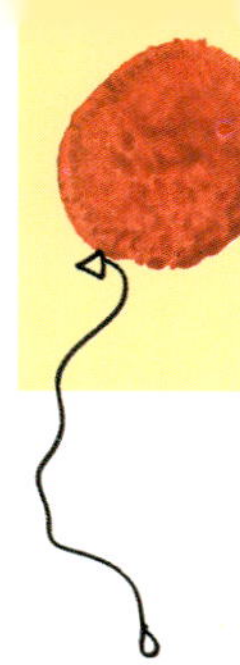

Ich bin geschickt

Je jünger Ihr Kind ist, desto tapsiger und unsicherer bewegt es sich, und um so undifferenzierter sind auch noch seine Hand- und Fingerbewegungen. Sie verfeinern sich erst nach und nach. Deshalb heißt es auch hier für Ihr Kind:
üben, üben, üben.

Geschicklichkeitsspiele

- Leimen Sie (wie abgebildet) zwei Brettchen im rechten Winkel zusammen, und bohren Sie in das senkrecht stehende große Löcher. Da hindurch kann Ihr Kind nun passende Schrauben stecken und sie auf der anderen Seite mit Muttern fixieren. Beherrscht es diese Technik, so bohren Sie kleinere Löcher dazu und ergänzen das Spiel um entsprechende Schrauben und Muttern.
- Hämmern Sie in ein Holzbrett große Nägel mit Köpfen, und zeigen Sie Ihrem Kind, wie es nun immer zwei mit einem dicken Gummiring verbinden kann. Kleinkinder spielen sehr ausdauernd mit diesem Geschicklichkeitsspiel und sind von ihren Nagelbildern begeistert!
- Leimen Sie rund um den Rand eines Holzbrettes Leisten fest. Sammeln Sie in einem Kistchen viele verschiedene, kleine, flache Dinge zum Auflegen (Kronkorken, bunte Knöpfe, verschieden große Schraubverschlüsse, Münzen, bunte Kieselsteinchen, kleine Holzscheiben, große Muttern, Schlüssel …). Dieses Legebrett mit Formen kostet beinahe nichts, und darüber hinaus verlockt es Ihr Kind zum Greifen und zum Gestalten. Der Phantasie sind keine Grenzen gesetzt!
- Stellen Sie Ihrem Kind eine Kiste mit verschiedenfarbig überzogenen Elektrodrähten zur Verfügung. Zeigen Sie ihm, wie man einen einzelnen Draht biegen und dann mehrere miteinander verdrillen kann. Bald schon erfindet es immer neue Spielvarianten.

Mittagszeit, Mittagszeit!
Wie sich da die/der … freut!
Hmmmm, das duftet wirklich fein!
Was wird heut' im Topf wohl sein?
Bratkartoffeln und knuspriger Fisch!
Schnell, ihr Leute, kommt zu Tisch!

Sylvia Horak

Seht meinen roten Ball nur an

Der Marionettenhund
Sie benötigen:
22 cm Köperband (2,5 cm breit), viele Wollfäden (etwa 17 cm lang, Menge abhängig von der Wollstärke), 1 Holzklotz (etwa 3 x 3 x 8 cm), kleine Stücke Filz in Rot und in Schwarz, 2 rote Seidenbändchen, Schnüre zum Aufhängen á 25 cm, 1 Führungsstab aus Holz (etwa 25 cm lang), Nähutensilien.

So wird's gemacht:
Markieren Sie auf der Arbeitsfläche eine Länge von 22 Zentimetern, über die Sie die Wollfäden dicht nebeneinander verteilen. Das Köperband legen Sie in der Mitte auf und steppen es einmal der Länge nach ab. Dadurch halten die Hundehaare, in die Sie nun noch einen „Mittelscheitel" kämmen. Dann kleben Sie den Holzklotz wie abgebildet auf das Köperband und ziehen mit Handstichen den überstehenden Schwanz- bzw. Kopfteil lose zusammen. Den Haarschopf und die Schwanzhaare fassen Sie mit je einem Stückchen Seidenband zusammen, eventuell kürzen. Jetzt kleben Sie noch Filzaugen und -schnäuzchen auf und befestigen die Aufhängeschnüre am Hund und am Führungsstab.

Führung
Zeigen Sie Ihrem Kind wie der Aufhängestab einfach auf- und abgewippt und gleichzeitig nach vorn weiterbewegt wird.

Schon wenige Tage nach der Geburt beobachtet Ihr Kind mit großem Interesse alles, was sich bewegt. Sobald es etwas älter ist, genügt ihm das Hinschauen nicht mehr. Nun will es die Dinge selbst in Bewegung versetzen, und besonders der Ball wird bald zum Lieblingsspielzeug! Das Kind krabbelt hinter ihm her, dann wieder rollt es ihn von sich, und es spielt „Geben–Nehmen" mit ihm. Einen Ball aber sicher aufzufangen ist viel schwerer, als ihn fortzuwerfen. Jetzt muß das reaktionsschnelle Zusammenspiel von Augen und von Händen sehr, sehr lange geübt werden. Um das zu unterstützen, sollte der Ball Ihres Kindes auch noch relativ groß sein, denn es fängt ihn mit beiden Armen auf.
Lehren Sie es von Anfang an, daß es nicht auf der Straße mit dem Ball spielen darf, und zeigen Sie ihm konsequent, daß er aus Sicherheitsgründen immer im Netz transportiert wird!

Erste Ballspiele

- Halten Sie das Ballnetz hoch, und zeigen Sie Ihrem Kind, wie es damit kicken, boxen und köpfen kann.
- Ihr zwei- bis dreijähriges Kind wirft einen Ball immer von unten nach oben. Aber auch diesen Bewegungsablauf muß es erst viele, viele Male üben, bevor es zielsicher trifft. Lassen Sie es nicht immer nur seinen großen Ball werfen, sondern zur Abwechslung auch einmal geknülltes Papier, eine Kugel aus Aluminiumfolie oder einen Föhrenzapfen.
- Damit Ihr Kind noch mehr Spaß hat, versuchen Sie seine „Wurfgeschoße" in einer Schürze, einem Topf, einem Hut oder in einer Schachtel zu fangen!

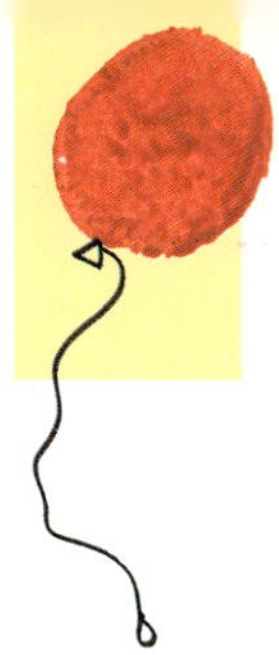

- Legen Sie einen kleinen Ball in eine Astgabel. Dann zeigen Sie Ihrem Kind, wie es ihn herunterschießen kann, indem es ihn mit seinem großen Ball zu treffen versucht.

- Gehen Sie mit Ihrem Kind in den Wald, und grenzen Sie mit dicken Ästen, Rindenstücken und mit großen Steinen eine Wegstrecke ab. An ihr entlang soll Ihr Kind seinen Ball treiben: zuerst mit den Händen, dann mit einer kleinen Astgabel. Schwieriger für Ihr Kind wird das Spiel, wenn Sie den Weg schlangenförmig legen.
- Legen Sie mit drei langen Holzscheiten eine Rutsche, auf der Ihr Kind seinen Ball herunterrollen läßt. Haben Sie kein Holz, dann spielen Sie selbst die Rutsche. Dazu setzen Sie sich auf einen Stuhl und halten Ihre Beine ausgestreckt und geschlossen. Nun läßt der Ball sich prima runterrollen.
- Zeigen Sie Ihrem Kind, was man alles mit einem Luftballon machen kann: mit dem Finger stupsen, köpfen, mit dem Fuß stoßen, auf eine Decke legen und gemeinsam mit Ihnen hochwerfen und auffangen … Mit einem Luftballon läßt sich aber auch „Musik“ machen: Geben Sie ein Glöckchen oder etwas Reis hinein, bevor Sie ihn verknoten. Oder Sie kratzen, schaben und zupfen an der Ballonhaut oder Sie zirpen mit der Öffnung, indem Sie Luft aus ihr entweichen lassen.
- Der Ball ist in einem Netz und baumelt an einer Schnur von einem Ast herunter. Stellen Sie darunter Pappröhren oder Lebensmittelschachteln als Kegel auf. Das genaue Anvisieren fördert die Treffsicherheit Ihres Kindes!
- Auf ein großes Stück Karton malen Sie mit breitem Pinsel einen Löwenkopf mit riesigem, aufgerissenem Maul, das Sie anschließend herausschneiden. Wenn Sie den „hungrigen Löwen“ an einen Ast hängen, kann Ihr Kind ihn mit seinen Bällen „füttern“.

- Jeder von Ihnen hat einen großen Ball. Ihren legen Sie hin, und Ihr Kind versucht, ihn nun mit seinem rollenden Ball zu treffen. Ist das gelungen, tauschen Sie die Rollen.

Seht meinen roten Ball nur an,
was der für Sachen machen kann:
Geb' ich ihm einen kleinen Stoß –
schon rollt er weg, wo ist er bloß?
Werf' ich ihn hoch, dann fällt er wieder
mit lautem „Hopp“ zu Boden nieder,
und schieß' ich mit dem Fuß fest drauf,
dann fliegt er fort – fang' ihn doch auf!

Sylvia Horak

Häschen hüpf!

Im dritten Lebensjahr läuft Ihr Kind schon sehr sicher, und es hat auch schon einige Geschicklichkeit beim Klettern erworben. Langsam lernt Ihr Kind abzuschätzen, ob es da, wo es gerade hinaufklettern will, auch allein wieder herunterkommt. Außerdem erkennt es nun, daß das rascher zu schaffen ist, wenn man nicht herunterklettert, sondern -springt.

- Geben Sie Ihrem Kind bei seinen ersten Springversuchen zuerst beide Hände, später dann eine. Unterstützen Sie seinen Wagemut, indem Sie es auf Sprungmöglichkeiten aufmerksam machen (die letzte Stufe im Treppenhaus, eine niedrige Gartenmauer, ein im Wald liegender Baumstamm …). Bevor ein Kind hochspringen kann, muß es zuerst ein sicheres und federndes „Landen“ üben!

Spring-Förderspiele

- Wer hochspringen will, der braucht viel Kraft in den Beinen, muß man dabei doch sein ganzes Körpergewicht emporheben. Beziehen Sie deshalb in alle Bewegungsspiele auch immer wieder solche ein, bei denen Ihr Kind hüpfen soll, zum Beispiel wie ein Häschen oder ein Frosch, oder es springt wie ein Ball.

Viel Spaß hat es sicherlich daran, über einen am Boden liegenden Gegenstand zu hopsen (Ast, Seil, Staubsaugerschlauch, Besenstiel oder Bodenmarkierungslinien).

- Erschweren Sie die Hürden nach und nach: ein zusammengerollter Teppich, ein Wäscheberg, Bücherstoß, Zeitungsstapel und Pfützen. Helfen Sie Ihrem Kind aber nach wie vor, indem Sie seine Hand gut festhalten.
- Besonders vergnüglich findet Ihr Kind es, wenn es zwischen Ihnen und Ihrem Partner geht und Sie beide seine Sprünge mit Schwung und „Hauruck“ beschleunigen. Dazu fassen Sie es an den Händen und ziehen es zugleich vorwärts und hoch.
- Das Hüpfen zu Musik macht viel Spaß: Wählen Sie ein stark rhythmisches Lied, und springen Sie gemeinsam wie Gummibälle umher.
- Nähen Sie mit Handstichen aus breiten Köperbändern ein einfaches „Pferdegeschirr mit vielen Glöckchen“ für Ihr Kind und erklären Sie: „hühott“ oder „ho-hopp“ heißt Pferdchen lauf, und „brr“ bedeutet „bleib stehen“.

Ich tu' so, als ob

Alles, was Ihr Kind schon kann, lernte es, indem es *Sie* nachahmte. Jetzt, da es sich in Gedanken etwas vorzustellen vermag, wird die Puppe zu einer Person – zum Kind Ihres Kindes: Ihr Kleines spielt nun zwei Rollen: sich selbst und Mutti.

Rollenspiele

Ihr Kind behandelt sein Puppenkind genauso, wie mit ihm selbst umgegangen wird: Die Puppe wird geliebt, gelobt, erzogen, gefüttert, aus- und angekleidet und gestraft. Dabei ahmt Ihr Sprößling Ihre Ausdrucksweise und Ihre Gesten detailgetreu und unverblümt nach – Ihre guten, aber auch Ihre schlechten (!) Angewohnheiten.

Die einfachste Art dieses „Als-ob-Spiels“, in dem Ihr Kind bereits erworbene eigene Verhaltensformen wiederholt (Schlafen, Essen, Liebhaben), können Sie schon am Beginn des zweiten Lebensjahres beobachten. Doch nun werden Symbole eingeführt: ein Blatt Papier wird zum Teller, eine große Schachtel zum Auto, ein Holzscheit zur Puppe und ein Handbesen zum Hund. Jeder Gegenstand wechselt mehrfach seine Bedeutung. Schließlich übernimmt Ihr Kind selbst die verschiedenen Rollen: Es ist Katze, Hund, Eisenbahn und Erwachsener. Das wichtige „Ausspielen“ von Eindrücken können Sie fördern (siehe nächste Seite).

Der Phantasiekorb

● Auch wenn Ihr zwei- bis dreijähriges Kind noch nicht so gewandt und phantasiebegabt in fremde Rollen schlüpft, wie ein vierjähriges, so mag es doch schon einige „Requisiten" zum Verkleiden.

● Damit Ihr Kleines sich möglichst selbständig umziehen kann, arbeiten Sie Gummizug in alle Gewänder ein. Die stellen Sie Ihrem Kind in einem Phantasiekorb zur Verfügung.

● Ein oder zwei Röcke, ein alter Hut, ein auf ein Stirnband genähter Schleier, mehrere Taschen, Handschuhe, etwas Modeschmuck und eventuell eine „Schaffnerausrüstung" genügen fürs erste.

Puppen und Tiere

● Sie sind nicht nur Kinder Ihres Kindes, sondern auch Tröster. Deshalb sollten sie groß genug sein, um sie richtig umarmen und spüren zu können. Riesige Figuren oder steife Gehpuppen kann ein Kind aber nicht handhaben!

● Puppengesichter sollten neutral sein, denn ein allzu fröhlicher, schelmischer oder fratzenhafter Ausdruck läßt der Phantasie Ihres Kindes keinen Spielraum.

● Für einen Zwei- bis Dreijährigen reichen ein Kuscheltier und eine strapazierfähige Puppe mit vernünftigen Proportionen, gut beweglichen Armen und Beinen, einem neutralen Gesichtsausdruck sowie einfachen, leicht an- und ausziehbaren Kleidern. Für mehr „Kinder" ist noch gar keine richtige Liebe vorhanden.

● Puppen, die ganze Sätze sprechen, essen und trinken, in die Windeln machen oder allein gehen können, sind zwar mechanische Wunderwerke, sie schränken aber den Spielwert einer Puppe erheblich ein. Ja, sie behindern sogar das phantasiefördernde Rollenspiel!

Das Weltspiel

● Großes, hölzernes Aufstellspielzeug, also Menschen, Tiere, Häuser, Bäume, Fahrzeuge, bezeichnet man als „Weltspiel", weil Ihr Kind damit seine *eigene Welt* bauen und seine *Um-welt-eindrücke* verarbeiten kann.

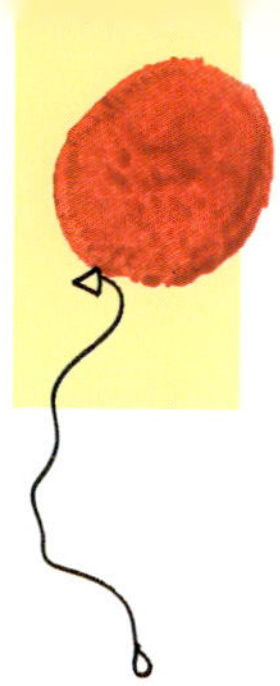

Der Kaufmannsladen

- Zwei- bis Dreijährige haben das Prinzip von Kaufen und Verkaufen zwar noch lange nicht begriffen, sie spielen es aber dennoch gern, wenn auch auf ihre Weise!
- Gekaufte Spielzeugwaren sind nicht nur relativ teuer, sondern sie werden von den Allerkleinsten noch gar nicht geschätzt. Im Gegenteil, sie zerlegen sie, reißen Verpackungen auf oder verkosten den Inhalt.
- Kleinkinder lieben sogenannte Schüttspiele in allen Variationen. Hier findet ein Übergang von rein funktionellen Experimentierspielen zu ersten wirklichen Rollenspielen statt: das phantasiebetonte Uminterpretieren der Materialien – Steinchen werden zu Kirschen, Teigwaren zu kompletten Mahlzeiten – sowie Um-, Ein- und Ausleeren aus Behältern in Tüten, Taschen, Säckchen und in Körbe. Aus den genannten Gründen stellen Sie Ihrem noch nicht Dreijährigen für seinen ersten Kaufladen am besten folgende Dinge zur Verfügung:

- hölzerne Obststeigen vom Markt zum Verstauen der „großen" Ware; umgedreht werden sie zu Verkaufstheken,
- viele Körbchen, Dosen, Becher zum Umfüllen und zum Aufbewahren,
- leere, zugeklebte Lebensmittelschachteln,
- Dosen und Tiegel mit Schraubverschluß,
- Holzobst,
- Salzteiggebäck,
- Nüsse, Kastanien, große Knöpfe, kleine Föhrenzapfen …, also Dinge, die so groß sind, daß sie nicht verschluckt oder in Nase und Ohren gesteckt werden können,
- große Mehlschaufeln,
- auf eine Schnur gefädelte Säckchen oder Tüten,
- Einkaufstaschen.

Die Schönheitsecke

Sich kämmen, sich mit Schmuck behängen und sich mit Hut und Verkleidung im Spiegel betrachten macht auch schon den Allerkleinsten Spaß!

- Hängen Sie im Kinderzimmer einen alten Spiegel so, daß Ihr Kind sich gut darin sehen kann, wenn es auf einen Hocker davor sitzt.
- Nähen Sie eine einfache Kammtasche, oder besorgen Sie ein Wandkörbchen für Blumen. Statt derer stecken Sie aber einen großen Kamm, eine Bürste und ein oder zwei lange Modeschmuckketten hinein. Dann befestigen Sie diesen Behälter unter dem Spiegel.

Die Kuschelhöhle

Die meisten Kinder lieben es, sich hinter Möbelstücken zu verbarrikadieren und eine richtige Kuschelhöhle zu bauen, indem Sie Decken oder Leinentücher darüberlegen. Auch die Allerkleinsten mögen solche abgeschirmten Kuschelhöhlen, können diese Aufbauten aber noch nicht allein herstellen. Dazu brauchen die Kinder Ihre Hilfe. Wie wäre es deshalb mit einer fest installierten Höhlenvorrichtung, die sich bei Bedarf mit wenigen Handgriffen auf- und wieder abbauen läßt? Der Vorteil dieser Höhle liegt auch darin, daß Sie immer sehen können, was Ihr Kind gerade macht, es aber trotzdem dieses herrliche „Höhlengefühl" hat!

Die Hängehöhle

Sie benötigen:

1 Gymnastikreifen, 4 Stoffbahnen (je etwa 2 m lang), zusammen so breit wie der Umfang des Reifens, vier breite, feste Bänder (zum Aufhängen der Höhle an der Decke), deren Länge sich nach Zimmerhöhe richtet, 8 Köperbänder (à 50 x 1 cm), Nähutensilien, 1 Mauerhaken.

So wird's gemacht:

Messen Sie den Umfang des Reifens und dividieren Sie ihn durch vier! Nun haben Sie die erforderliche Breite jeder der vier Stoffbahnen. Schneiden Sie diese (plus Nahtzugabe) zu, und säumen Sie sie ein. Dann umwickeln Sie den Reifen mit je einem Ende der Bahnen und nähen diese mit Handstichen fest. Nähen Sie nun an die Reifen vier gleich lange Aufhängebänder, und verknoten Sie sie oben. Dann nähen Sie die acht Köperbänder an. Zum Schluß bringen Sie den Mauerhaken an der Zimmerdecke an. Diese Höhle hängen Sie nun so am Haken auf, daß die Stoffbahnen gerade noch den Boden berühren. Mit den Köperbändern können Sie nun – je nach Bedarf – nur eine oder mehrere Stoffbahnen an Stuhllehnen festbinden. Ist das Spiel vorüber, so rollen Sie die Bahnen ein und verstauen den Reifen an einem dafür sinnvollen Platz im Kinderzimmer.

Ein wirklich „heißer" Höhlentip

Ihr Kind hat sich erkältet, und der Arzt rät zum Inhalieren? Viele Kinder, und erst recht die Allerkleinsten, sträuben sich aber meist heftig gegen diese dampfende Prozedur mit Handtuch überm Kopf! Versuchen Sie deshalb einmal folgendes: Spannen Sie einen Regenschirm auf und breiten Sie ein Leintuch darüber. Dann stellen Sie einen Kochtopf mit dem lindernden „Gebräu" zum Inhalieren in diese „Höhle" und setzen sich gemeinsam mit Ihrem Kind hinein. Nun atmen Sie beide die wohltuenden Dämpfe ein!

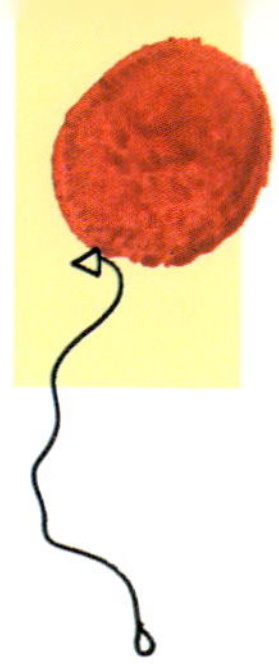

Ich bastle was für dich

Bis jetzt hat Ihr Kind alle Materialien rein funktionell gehandhabt, und es hatte bei all diesen Spielen noch kein vorgefaßtes Ziel. Eines Tages entdeckt es aber, daß ein zufällig entstandenes Produkt Ähnlichkeit mit einem wirklichen Gegenstand hat. Dabei genügt Ihrem Kind ein einziges, gleiches Merkmal schon, um dem hergestellten Werk einen Namen zu geben.
Angespornt durch Lob und Aufmunterung fertigt es nun immer neue Produkte an, und bald plant es Sie etwa so: „Usi Gesenk macht!“ (Uschi bastelt jetzt ein Geschenk.)
Dieses vorausschauende Verhalten läßt sich an einem Kind im dritten Lebensjahr öfter beobachten: Die Fähigkeit zu planen, die zunehmende Entwicklung der Phantasie und die zunehmende Geschicklichkeit der Hände. All das macht es ihm nun möglich, erstmals schöpferisch – also kreativ – tätig zu werden!
Somit ist jetzt aber auch für Sie die Zeit gekommen, Ihrem Kind jede Menge Material zum Basteln und zum Werken zur Verfügung zu stellen und ihm erste, ganz einfache Bastelanregungen zu geben. Der Buchhandel bietet eine Fülle von Bastelbüchern an (hauptsächlich für etwas ältere Kinder), aus denen sich aber Ideen übernehmen und leicht abwandeln lassen.
Die folgenden Anregungen sind daher nur als kleine Denkanstöße gedacht und beinhalten vornehmlich solche Bastelvorschläge, die Ihr Kind möglichst selbständig verwirklichen kann. Beherzigen Sie Maria Montessoris treffenden Satz: „Hilf mir, es selbst zu tun.“

Tips fürs erste Basteln

- Erwarten Sie nicht, daß Ihr Kind alle Werkstoffe sofort „artgerecht“ verwendet! Es muß jedes Material erst kennenlernen und damit experimentieren.
- Seien Sie nicht enttäuscht, wenn die Basteleien Ihres Kindes nicht *Ihrem* Verständnis von Ästhetik entsprechen. Daher gilt: *Jedes* Werk bestaunen!
- Eines Tages wird es für Ihr Kind wichtig, seine Werke aufzubewahren und zur Schau zu stellen. Überlegen Sie jetzt schon, wo dafür der geeignete Platz ist.
- Basteln macht Spaß! Damit das auch so bleibt, sollten Sie immer rechtzeitig damit aufhören, wenn Sie merken, daß Ihr Kind müde oder lustlos wird. Und, ob man eine Bastelei heute oder erst in ein paar Tagen fertigstellt, ist ja wirklich absolut unwichtig!
- Zeigen Sie Ihrem Kind nach und nach, was es beim Basteln beachten muß. Zum Beispiel Wachstuch unterlegen, Klebstofftube nur leicht drücken, Kleisterpinsel gut abstreifen, Kittel anziehen und Ärmel hochkrempeln.
- Nach einiger Zeit beachtet Ihr Kind diese „Sicherheitsregeln“ dann von allein. Jetzt spricht nichts mehr dagegen, ihm Bastelmaterial und -zubehör (in geeigneten Behältnissen) zur jederzeit freien Verfügung bereit zu stellen, das immer am selben Platz zu finden sein soll.

Schneidespiele

Schneiden, Kleben, Drucken und Bemalen sind *die* Fertigkeiten, die Ihr Zwei- bis Dreijähriges schon so gut beherrscht, daß es eigene Basteleien herstellen kann.

- Schneiden lernt Ihr Kind in einer ganz bestimmten Reihenfolge: Einschneiden, Abschneiden, Ausschneiden! Bieten Sie ihm daher auch in dieser Reihenfolge Ihre Bastelideen an. Beachten Sie aber bitte: Das „Auf-zu-auf-zu" der Schere ist Ihrem Kind dabei noch viel wichtiger als das Endprodukt.
- Sammeln Sie Prospektmaterial, Kataloge und Tonpapierabfälle. Lassen Sie Ihr Kind die Ränder der Seiten oder vorgeschnittene Papierformen einschneiden, und machen Sie daraus:
- Deckchen oder Untersetzer mit Fransen,
- Chinesenhüte mit Fransenrand für die ganze Familie und für die Puppenkinder,

- kurze Faschingsgirlanden als Tischdekoration.
- Legen Sie eine „Sammelbüchse" für Papierschnipsel an. Ihr Kind wird diese mit Begeisterung sammeln und bei Bedarf als Futter für die Spieltiere oder als Essen für die Puppenkinder einsetzen.
- Rühren Sie Kleisterfarbe aus Tapetenkleister und ungiftigen Plakatfarben an (Bohrmaschine, Rührstab). In Gläsern mit Schraubverschluß lassen sie sich auf Vorrat aufbewahren.
- Befestigen Sie mit einigen Streifen Klebeband einen großen Bogen Packpapier auf einer abwaschbaren Unterlage (Boden oder Tisch), und schöpfen Sie einen großen Kleisterfarbenklecks auf das Papier. Nun darf Ihr Kind mit der Farbe experimentieren: was passiert, wenn es sie statt mit seinen Fingern mit einem großen Kamm oder mit einem breiten Pinsel verteilt oder mit einem dicken Rundpinsel „stupft"?
- Ihr Kind verteilt großzügig die Kleisterfarbe auf einem großen Papierbogen. Helfen Sie ihm nun, unterschiedliche Bildarten herzustellen:

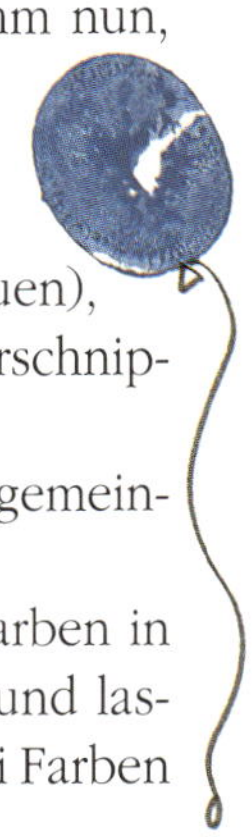

Klecksbilder (Papier falten),
Sandbilder (Sand aufrieseln lassen),
Konfettibilder (bunte Konfetti darüberstreuen),
Schnipselbilder (gesammelte bunte Papierschnipsel darauf streuen).
Nach dem Trocknen hängen Sie die Bilder gemeinsam auf.

- Tragen Sie zwei verschiedene Kleisterfarben in sehr breiten Streifen nebeneinander auf, und lassen Sie Ihr Kind experimentieren: Aus zwei Farben entstehen ja ganz tolle, neue Effekte!

Klebespiele

Auch Kleister und Klebstoff muß Ihr Kind zuerst mit Vergnügen verschmieren und verstreichen dürfen, bevor es ihn exakt und sparsam anzuwenden lernt!

- Lassen Sie Ihr Kind dickflüssigen Kleister oder Alleskleber (aus der Tube) ausnahmsweise ganz dick auftragen. Nach dem Trocknen fährt es mit einem dicken, in Farbe getauchten Pinsel darüber. Sie beide werden über das nun hervortretende Klebstoff-Bild staunen.

Druckspiele

- An einem heißen Sommertag tragen Sie gemeinsam mit Ihrem Kind einen Eimer mit Wasser ins Freie. Machen Sie auf einer Asphalt- oder Betonfläche Hand- und Fußabdrücke. Erklären Sie das „Wunder" des Verdampfens.

Fingerdrucke

● Lassen Sie Ihr Kind einfarbiges Papier bedrucken, und machen Sie aus den farbigen Punkten mit schwarzem Filzstift: Gesichter, Vögel, verschiedene Säugetiere, Luftballons, Äpfel, Käfer oder Männchen.

Hängen Sie diese Werke auf, oder verwenden Sie sie als Geschenkpapier, zum Bucheinbinden, als Schreib- oder Eßunterlage (mit Klarsichtfolie bekleben!).

● Zeigen Sie Ihrem Kind, wie es mit seinen Fingern lange Ketten drucken kann, zuerst einfarbige, dann bunte. Zum Schluß schneiden Sie die gelungensten aus und stellen mit schützender Klarsichtfolie Lesezeichen für alle Familienmitglieder her.

Hand und Fußabdrücke

Sie sind natürlich mit Farbe ganz besonders reizvoll, und außerdem kann man eine Menge daraus machen, zum Beispiel:

● Aus grober Baumwolle oder aus Leinen schneiden Sie Sets zu (säumen oder ausfransen lassen). Dann drückt Ihr Kind seine mit Stoffarbe bemalte Hand in alle vier Ecken jedes Sets.

● Auf den Deckel einer entsprechend großen Spanschachtel macht Ihr Kind einen Handabdruck, den Rand bedruckt es dann mit einem Fingermuster. Sie müssen den Deckel anschließend mit Klarlack versiegeln.

● Jedes Familienmitglied bekommt seinen eigenen, unverwechselbaren Waschlappen – so natürlich auch Ihr Kind! Jeder drückt auf die eine Seite seines Lappens (mit Stoffarbe) seine Hand, auf die andere Seite seinen Fuß. Anhand der Größenunterschiede lassen sich die Waschlappen auseinander halten.

Blätterdrucke

● Ihr Kind drückt die von ihm gesammelten Blätter zuerst einzeln auf das mit Farbe getränkte Stempelkissen und danach aufs Papier. Legen Sie Zeitungspapier darauf, und rollen Sie mit dem Nudelholz – leicht angedrückt – darüber!

● Wenn Sie für diesen Vorschlag Stoffarbe in Gelb, Braun, Orange und in zwei Grüntönen verwenden, kann Ihr Kind seine Blätter als Bordüre auf ein einfarbiges Tischtuch drucken – aber natürlich nicht alles an einem Tag!

Kartoffeldrucke

● Für die ersten Druckversuche Ihres Allerkleinsten müssen Sie die Kartoffeldruckstöcke keineswegs mühevoll zurechtschnitzen! Ihr Kind druckt einfach mit der flachen Kartoffelschnittfläche. Sie stellen im nachhinein dann das Bild fertig, so wie bei den Fingerdrucken.

Stempel

Zum richtigen Drucken braucht Ihr Kind natürlich auch ein „echtes" Stempelkissen.

● Sammeln Sie Schraubdeckel von Marmeladengläsern, und „opfern" Sie einige ihrer Topfreinigerschwämme, die Sie passend zerschneiden. Kleben Sie sie in die Deckel, und tränken Sie danach die Schwämme mit verschiedenen (flüssigen) Farben. Diese muß nach dem Drucken aber immer gleich ausgewaschen werden. Dann kann man die Stempelkissen auch mehrmals verwenden.

… in die weite Welt hinaus

Natürlich haben Sie Ihr Kind schon zum Einkaufen, zum Arzt, zu Ausflügen ins Grüne und auf Reisen mitgenommen, als es noch ein Baby war! Das war auch gut so – bekam es doch dabei viele, viele Anregungen für seine Sinne!
Zwischen seinem zweiten und dritten Geburtstag drängt es aber schon merklich von selbst nach „draußen“: Es möchte seinen Aktionsradius erweitern, und Ihr Kind will die große weite Welt kennenlernen!
Nun, im „Was-Frage-Alter“, interessiert es sich für alles und jedes: Es möchte die Bezeichnung für die verschiedenen Dinge in der Natur hören, will wissen, was andere Leute machen und warum sie es tun, und es will auch unterwegs ständig beschäftigt werden.
Bei all seinen vielen Wünschen kann es dann schon einmal passieren, daß Ihnen „die Luft ausgeht“ und Sie nicht mehr wissen, mit welchen neuen Anregungen Sie die Aufmerksamkeit Ihres Kindes noch fesseln könnten.
Auf den nächsten Seiten finden Sie deshalb einige neue Ideen für „Spiele außer Haus“ und Reisespiele sowie Spiele in der Natur.

Wartespiele

Niemand wartet gern – auch Ihr Kind nicht –, aber warten müssen ist nun einmal ein Bestandteil unseres täglichen Lebens: beim Arzt, am Bahnhof und am Flughafen. Wir warten aber auch aufs Gesundwerden, wenn wir krank im Bett liegen. Solche „lästigen Zeiten“ zu überbrücken und sie Ihrem Kind erträglich zu machen, kann mitunter sehr schwer sein.
Dieses Problem ist für Sie aber relativ einfach zu bewältigen, wenn Sie sich schon rechtzeitig ein bißchen darauf vorbereiten und immer die „Wunderwartekiste“ dabeihaben!
Sie enthält zum Beispiel:

- Streichholzschachteln mit abgebrannten Zündholzköpfen (Sicherheit),
- Bänder, Borten, etwas Wolle,
- Knöpfe
- kleine bunte Tücher und Fellstücke,
- eine Mullbinde (für verletzte Puppen),
- eine Lupe,
- mehrere dünne Gummihandschuhe,
- Filzstifte,
- Zeichenblock,
- Quartett- und Geduldsspiele,
- Prospekte,
- einige Luftballons,
- einen Block verschiedenfarbiges Tonpapier,
- dünnen Karton,
- eine (alte) Lochzange, Büroklammern
- groben Stickstoff und Nadel,
- Klebestift, Schere,
- einen Würfel.

- Lassen Sie Ihr Kind Papierstreifen reißen, und helfen Sie ihm, sie zu langen Ketten zusammenzukleben.
- Ihr Jüngstes soll aus den Quartettkarten Paare heraussuchen. Am Anfang genügen aber durchaus einige wenige Paare, denn schon bald hat es vom anstrengenden Suchen und konzentrierten Schauen genug und möchte wieder etwas „Entspannenderes“ machen!
- Sie zeichnen so gut Sie es eben können verschiedene Gegenstände auf, und Ihr Kind soll erraten, was es ist: ein Tisch, ein Hut, eine Katze …
- Das Gummibärenspiel: Sie würfeln mit Ihrem Kind und mit anderen anwesenden Kindern reihum. Wer die Zahl „1“ hat, die kennt ein so kleines Kind nämlich schon ganz sicher, erhält ein Gummibärchen. Als Alternative zu den zwar heißgeliebten, aber nicht sehr gesunden Gummibären bieten sich Nüsse, Rosinen, Sonnenblumenkerne und ähnliches an.

- Eine kleine freie Fläche findet sich überall: Zeigen Sie Ihrem Kind, wie es mit den Streichhölzern Bilder legen kann.
- Verstecken Sie aus der „Wunderwartekiste" einige Dinge unter einem Tuch, und lassen Sie sie Ihr Kind durch Tasten erraten.
- Blättern Sie mit Ihrem Kind in bunten Prospekten oder Zeitschriften. Verdecken Sie nun hin und wieder mit Ihrer Hand ein Bild zur Hälfte. Was es wohl insgesamt darstellt?
- Spielen Sie „Ich seh', ich seh', was du nicht siehst": Suchen Sie dazu mit den Augen einen Gegenstand im Raum, und geben Sie Ihrem Kind mindestens drei Merkmale als Anhaltspunkt. Dann tauschen Sie die Rollen.
- Blasen Sie die dünnen Gummihandschuhe auf, und bemalen Sie sie mit Filzstift. Wenn Sie den Handschuh quer legen und auf dessen Handfläche ein Gesicht malen, wird daraus eine Sonne – die Finger sind der Stahlenkranz. Malen Sie aber auf die Handschuhinnen- und -außenfläche je ein Auge und auf die Schmalseite einen Schnabel, so hat Ihr Kind einen Hahn mit „Kamm" zum Spielen. Und wenn Sie auf jeden der aufgeblasenen Finger ein Gesicht malen, dann sind plötzlich fünf Geschwister entstanden, die miteinander spielen!
- Blasen Sie ein oder zwei Luftballons auf, und beziehen Sie beim Werfen und Fangen möglichst auch die anderen Wartenden mit ein! Sie werden erstaunt sein, wie unterschiedlich deren Reaktionen sind!
- Geben Sie Ihrem Kind ein Stück Stickstoff, eine Sticknadel und bunte Wollfäden, und lassen Sie es „Nähen". Das tun die Allerkleinsten schon sehr gern! Fadenanfang und -ende kleben Sie einfach fest.

Reisespiele

Mit Kindern längere Zeit in Auto, Bus, Bahn oder Flugzeug unterwegs zu sein, das ist recht anstrengend. Damit Ihrem Kind die Reise im beengten Fahrzeug nicht zur Qual wird und ihm die Zeit schneller vergeht, bereiten Sie am besten schon zu Hause einiges vor!

Der Kinderkoffer

Als ich klein war, hatte ich einen ganz besonderen Koffer, der mir allein gehörte, und den ich aber immer nur auf Reisen mitnehmen durfte. Vor jeder Fahrt war ich jedesmal schon sehr gespannt, was diesmal drin sein würde. Und für ein paar Stunden war ich dann mit dem Inhalt des Koffers beschäftigt. Stellen Sie doch für Ihr Kind auch so einen Reise-Beschäftigungs-Koffer zusammen, und füllen Sie ihn vor der Abfahrt zum Beispiel mit:

- Reisesüßigkeiten (gegen das „Mir-ist-schlecht-Syndrom"),
- zwei bis drei kleine Puppen,
- Brillen ohne Gläser (!),
- Murmeln,
- ausgedientes Fernglas (oder Lupe),
- „Zauberblock" und Bleistift.
- Bereiten Sie eine glatte Würfelunterlage, einen Farbwürfel und einen Tiegel Creme vor. Alle Mitreisenden dürfen reihum würfeln, und wer die Farbe „weiß" erwischt, bekommt einen Cremetupfen ins Gesicht! Wer hat am Schluß die meisten?
- Schlagen Sie den Reiseatlas auf. Zeigen Sie Ihrem Kind, daß alles Wasser blau eingezeichnet ist, und lassen Sie es zum Beispiel Seen suchen. Für jeden gefundenen gibts einen blauen Filzstiftpunkt (ungiftige Farbe!) auf den Handrücken. Auch wenn Ihr Kind diese Punkte noch nicht abzählen kann, weiß es doch, daß es „vieeeele" sind.
- Ein Sack mit Wäscheklammern ist ein wunderbarer Reisebegleiter! Immer wieder wird Ihr Kind danach greifen, kunstvolle Gebilde aus den Klammern machen und alles Mögliche an- und einzuzwicken versuchen.
- Ihr Kind nennt ein Tier, und jeder Mitfahrende versucht, die Stimme dieses Tieres zu imitieren. Erst jeder einzeln, dann immer alle auf Kommando gemeinsam!
- Sie machen Geräusche, und Ihr Kind soll erraten, was Sie darstellen. Achten Sie dabei besonders darauf, daß es die entsprechenden Tätigkeitswörter richtig ausspricht oder sie deutlich nachsagt. Brummen Sie wie ein Motor, surren Sie wie eine Nähmaschine, schmatzen, schlürfen, hicksen, schnalzen Sie …

- Schneiden Sie aus gelbem Tonpapier Blendschirme für jeden zu, und lassen Sie sie während der Reise von Ihrem Kind bunt bemalen. Am Ziel angekommen, wird in jeden Schirm noch ein Schnurgummi eingeknüpft. So hat jeder seinen eigenen Sonnenschild für den Urlaub!
- Nehmen Sie schon zu Hause Geräusche und Stimmen auf Kassette auf, die Ihrem Kind vertraut sind. Spielen Sie ihm diese „Heimatklänge" als Überraschung während der Reise vor, und lassen Sie es raten, wen oder was Sie aufgenommen haben, zum Beispiel:
- Oma, die ein Lied singt,
- Opa, der schmatzend Küßchen mitschickt,
- das Nachbarskind, das ein Gedicht aufsagt,
- Tante Olgas Hund,
- die Wohnungsklingel, den Staubsauger, die Klospülung, das Telefon …!
- Das Ende der Reise ist gekommen, ganz verspannt klettern alle aus dem Fahrzeug. Reichen Sie nun einander die Hände, und bilden Sie einen Kreis. Dann gehen Sie ganz dicht bis zur Mitte zusammen und hocken sich nieder. Jetzt sind alle ein Luftballon, der mit tiefen, hörbaren Atemzügen aufgeblasen – also immer größer – wird und zum Schluß mit lautem Knall zerplatzt!

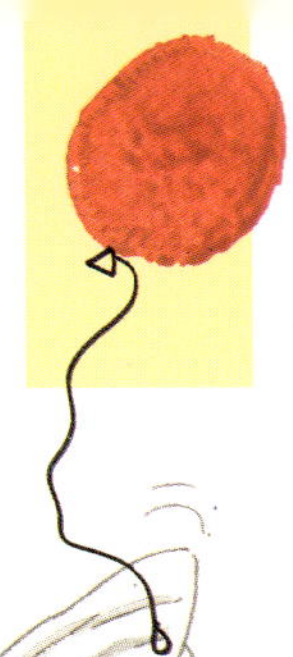

Spiele in der Natur

Die beste Möglichkeit für Ihr Kind, die Natur sozusagen „hautnah“ kennenzulernen, ist wohl der Urlaub auf einem Bauernhof! Hier erlebt es, wie die Tiere aus seinem Bilderbuch wirklich aussehen, welche Stimmen sie haben, wie warm und weich sich ihre Körper anfühlen, was sie fressen und wie sie sich bewegen. Bei einem Ausflug in den Wald oder beim Spielen auf einer Wiese oder an einem Bächlein gibt es ja so viel Neues zum Bestaunen und Kennenlernen!

- Animieren Sie Ihr Kind zum aufmerksamen Hinhören und Hinschauen mit kleinen Konzentrationsspielen wie den folgenden:

Steinespiele

- Fordern Sie Ihr Kind auf, verschiedene Steine zu suchen: große runde, große spitze, ganz kleine, trockene, nasse und verschiedenfarbige.
- Beobachten Sie einmal folgendes gemeinsam: Wenn man Steine gut anfeuchtet, kommen die schönen Farben und Schichten erst so richtig zum Vorschein.
- Legen Sie Steinebilder, und lassen Sie Ihr Kind erraten, was sie darstellen.

Fußspuren

- Alle Familienmitglieder drücken mit nackten Füßen oder mit Schuhen Spuren in den feuchten Waldfußboden und vergleichen die verschiedenen Fuß- oder Schuhgrößen.

Geräusche

Setzen Sie sich mit Ihrem Kind an einem stillen Plätzchen ins Gras, und lauschen Sie aufmerksam, welche Geräusche zu hören sind: Turmuhr, Kirchenglocken, ein Traktor, eine Fahrradklingel, ein Kuckuck … Wer als erster ein neues Geräusch hört, zeigt in die Richtung und benennt es.

Gerüche

Suchen Sie gemeinsam Material, das riecht! (Erde, verschiedene Blumen, Holz, tonhaltige Steine, Heu …) Alle schnuppern reihum und versuchen, die Gerüche zu beschreiben.

Papa suchen

- Papa legt mit markanten Gegenständen (Rucksackinhalt) eine Spur und versteckt sich hinter einem Baum. Sie und Ihr Kind suchen ihn und sammeln die Markierungen wieder ein.

Tiere

- Machen Sie Ihr Kind auf Ameisen, Kaulquappen, Käfer, Schnecken und Würmer aufmerksam, und suchen Sie mit ihm danach! Legen Sie sich – auf dem Bauch – in die Wiese, und beobachten Sie die Tiere. Wie bewegen sich Würmer, Käfer, Raupen? Wer kann das nachahmen?

Regelspiele und Tanzlieder

Jedes Kind sucht sich von Zeit zu Zeit Spielgefährten, denn „geteilte Freude ist doppelte Freude". Die Erfahrung, daß gemeinsames Tun lustvoll sein kann, macht Ihr Kind ja schon sehr früh, etwa wenn es erlebt, welches Vergnügen ein gemeinsames „Küchenkonzert" mit Töpfen, Dekkeln, Pfannen und Löffeln sein kann!

Aber, Sie wissen es ja schon: Je jünger das Kind desto ich-bezogener, „a-sozialer" ist es, und diese Feststellung trifft eben auch auf sein Spiel zu.

Ihrem schon „so großen" Zwei- bis Dreijährigen sind organisierte Spiele mit bestimmten Zielen – zum Beispiel gemeinsam mit Gleichaltrigen etwas bauen – noch nicht möglich. Sogenannte „Regelspiele" – also Spiele nach bestimmten Regeln, im Wettbewerb mit anderen und in Abwechslung mit dem Spielpartner – gelingen frühestens ab vier bis fünf Jahren.

Ihr Dreijähriges versteht zwar schon, was „gewinnen" und „verlieren" heißt, aber Kinder in diesem Alter reagieren auf Mißerfolge mit Traurig- oder Entmutigtsein oder mit heftigen Wutausbrüchen. Manche entziehen sich dem Weiterspielen, allerdings nicht selbstbewußt, sondern unter verlegenen Vorwänden.

Wir machen einen Kreis

überliefert

(Mit diesem „Signallied" kann man Kinder im Kreis versammeln.)

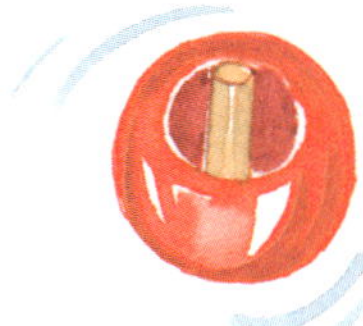

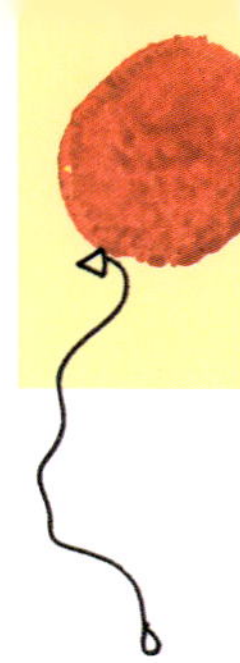

Wir sind zwei kleine Tanzbären

Im dritten Lebensjahr, lernte Ihr Kind, auf die Bedürfnisse anderer Rücksicht zu nehmen und sein „a-soziales“ Verhalten nach und nach aufzugeben. Zudem können Sie auch schon sehr gut alle die Formen des positiven und negativen Sozialverhaltens an ihm beobachten: verteidigen, bemuttern, trösten, küssen, streicheln, Rücksicht nehmen, helfen und teilen; aber auch schlagen, stoßen, trotzig sein und schimpfen.
Für ganz kurze Zeit – für 10 Minuten! – kann es sich nun schon auf ein bis zwei andere Kinder einstellen – also wirklich mit ihnen gemeinsam spielen. Die beste Möglichkeit, dieses erste Miteinanderspielen-Wollen zu fördern, bieten Ihnen die folgenden Spiele mit Musik.

Wir tanzen

Melodie und Text: Sylvia Horak

2. Wir reichen uns die Hände
und tanzen nun zu zwei'n,
nur immer schön im Kreis herum,
s' ist schöner als allein.

3. Wir tanzen jetzt im Kreise,
schön langsam geht's herum,
doch weil wir jetzt schon müde sind,
drum sitzen alle – Bumm!

Die Spitzmaus

überliefert

Gesprochen:
mi-ma-mu, wie
heißt denn du?

(Ein Kind geht im Kreis herum, bleibt dann bei einem anderen stehen und fragt es nach seinem Namen.)

Apfel und Birn'

überliefert

(Jeweils zwei Kinder gehen Hand in Hand spazieren. Bei „da liegt ein Apfel …" deuten sie mit der jeweils freien Hand einmal links, dann rechts auf den Boden. Ab „Birn und Apfel" reichen sie einander beide Hände und tanzen auf der Stelle im Kreis.)

Der Hans und die Liese

überliefert

2. Strophe: Sylvia Horak

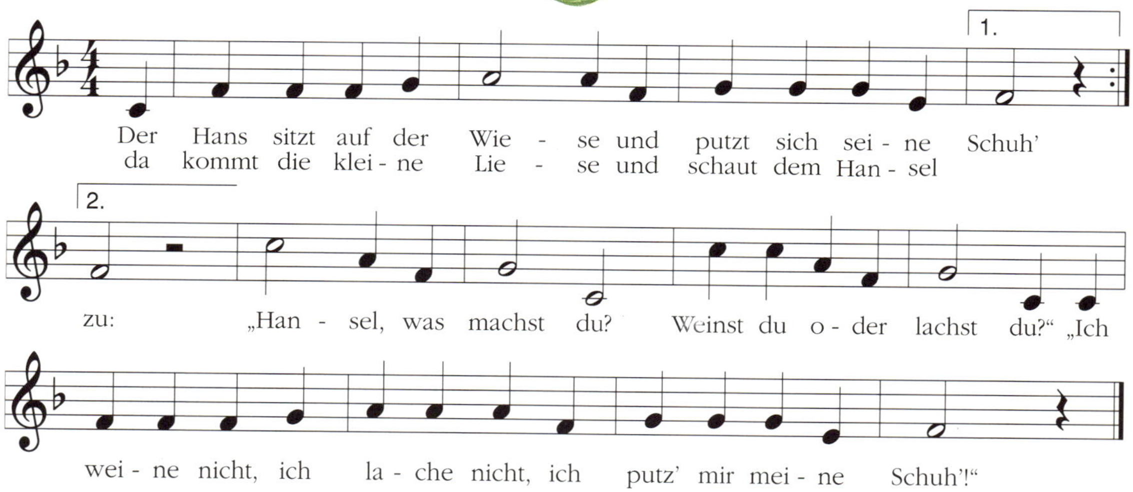

2. Der Hans, der möchte tanzen und sucht sich eine Frau
Die … ist die Rechte, das weiß er ganz genau!
alle: Hansl, was machst du? Weinst du, oder lachst du?
„Ich weine nicht, ich lache nicht, ich tanz' mit meiner Frau!"

(Die Kinder spielen mit verteilten Rollen die Szenen im Kreis.)

Schlußbemerkungen zum dritten Lebensjahr

Spielen soll Spaß machen,
Spielen heißt freudig lernen!

Ersparen Sie Ihrem Kind daher frustrierende Mißerfolgserlebnisse: Nehmen Sie auf seine entwicklungsbedingten Möglichkeiten Rücksicht, fördern Sie es, aber überfordern Sie es nicht aus Ehrgeiz durch „zu schwere" (also nicht altersgemäße) Spiele.
Um aber zu wissen, welche (Spiel-)Bedürfnisse Ihr Kind hat, brauchen Sie keine ausgebildeten Pädagogen zu sein! Ein kleiner Grundstock an entwicklungspsychologischem Wissen und an Spielanregungen – wie hier im vorliegenden Buch – vor allem aber viel Liebe, Einfühlungsvermögen und Phantasie genügen, um Ihrem Kind beim „Groß-werden" zu helfen.

Wißt ihr, wer Geburtstag hat?
– unser lieber …!
Er ist heute schon drei Jahr'
und ein liebes Kind sogar!
Wir wünschen ihm fürs nächste Jahr
recht viel Glück und Segen!

Melodie: „Alle Vöglein sind schon da"
Text: Sylvia Horak

Im FALKEN Verlag sind zahlreiche Titel zum Thema „Spielen mit Kindern“ erschienen.
Fragen Sie Ihren Buchhändler.

Dieses Buch ist meiner Tochter Uschi gewidmet.

Bei diesem Buch handelt es sich um eine neue Ausgabe des bereits unter dem Titel 4691 „Spielen mit den Allerkleinsten“ erschienen Buches.

ISBN 3 8068 7507 3

Umschlagsgestaltung: Peter Udo Pinzer
Gestaltung: Horst Bachmann
Redaktion: Uta Koßmagk
Herstellung: Sabine Vogt, Petra Becker
Titelbild: Susa Kleeberg und Friedemann Rink, Wiesbaden
Fotos: Sabine Dürichen, München, Seite: 2, 9, 34–36, 39, 42, 43, 49, 54, 55, 58, 59, 62, 63, 69, 71, 75, 77, 88, 89, 92, 111–113, 117, 121, 127; Hans Ehrhardt, München, Seite: 13, 18, 19, 30, 44, 52
Zeichnungen: Katja Rosenberg, Wiesbaden, Seite: 11, 12, 15–17, 22–25, 32, 33, 37, 48, 50, 51, 60, 61, 66–68, 76, 78, 79, 82, 83, 86, 87, 90, 91, 96, 97, 100, 101, 104–107, 110, 122–125; Petra Schwarzmann, Wiesbaden, Seite: 20, 21, 26–29, 37, 41, 46, 47, 56, 57, 65, 72, 73, 76, 80, 81, 85, 94, 95, 98, 99, 102, 103, 108–110, 114–116, 126
Kinderzeichnungen und -drucke: Jean-Marvin Muhr, Walluf, Seite: 64, 118, 119, 122, 123
Rechteinhaber, die trotz aller Bemühungen nicht ermittelt werden konnten, wenden sich bitte an den FALKEN Verlag.

Wir danken den Firmen IKEA, München, sowie Kunst und Spiel, München, für die Unterstützung der Fotoarbeiten.

Die Ratschläge in diesem Buch sind von der Autorin und vom Verlag sorgfältig erwogen und geprüft, dennoch kann eine Garantie nicht übernommen werden. Eine Haftung der Autorin bzw. des Verlags und seiner Beauftragten für Personen-, Sach- und Vermögensschäden ist ausgeschlossen.

Satz: DM-SERVICE Mahncke & Pollmeier oHG, Rodgau
Gesamtkonzeption: FALKEN Verlag, D-65527 Niedernhausen/Ts.

817 2635 4453 62